Sein, Wahrheit, Welt

PHAENOMENOLOGICA

COLLECTION PUBLIÉE SOUS LE PATRONAGE DES CENTRES
D'ARCHIVES-HUSSERL

1

EUGEN FINK

Sein, Wahrheit, Welt

VOR-FRAGEN ZUM PROBLEM DES
PHÄNOMEN-BEGRIFFS

EUGEN FINK

Sein, Wahrheit, Welt

VOR-FRAGEN ZUM PROBLEM DES PHÄNOMEN-BEGRIFFS

MARTINUS NIJHOFF / DEN HAAG / 1958

PRINTED IN THE NETHERLANDS

Das Nachstehende bietet den Text einer Vorlesung, die im Wintersemester 1955/56 an der Universität Freiburg i.Br. gehalten wurde. Die dabei leitende Absicht war, in einer Begegnung mit phänomenologische Motiven der Philosophie HUSSERLS *und* HEIDEGGERS *den kosmologischen Horizont der Seinsfrage aufleuchten zu lassen.*

INHALT

I

DAS VERHÄLTNIS DES MENSCHEN ZUR WISSENSCHAFT
UND – ZUR PHILOSOPHIE

Bei einer akademischen Vorlesung über „Grundbegriffe''
einer Wissenschaft erwartet man leicht zuwenig oder zuviel.
Man mag sich fragen: handelt es sich nur um eine propädeutische
Hinleitung zu einem Forschungsbezirk einer bereits betriebenen
und anerkannten Wissenschaft, um eine vorläufige Orientierung
über Gegenstand und Methode, um einen Überblick über die
Probleme, Begriffe und die Terminologie, um einen bloß didaktischen Weg, – oder sucht man den inneren sachlichen Aufbau
einer Wissenschaft im Rückgang auf die Fundamente, im Rückgriff auf die tragenden Prinzipien? Jedenfalls ist der Sprach-
gebrauch, in dem wir heute von „Grundbegriffen'' reden,
vieldeutig, schillernd und unklar. Die hemmungslose Populari-
sierung aller Produkte geistiger Produktion hat in unserem
papierenen Zeitalter schon groteske Formen angenommen. In
zahllosen Traktätchen werden wir über die Grundfragen und
Grundbegriffe aller möglichen, auch der schwierigsten Wissenschaften „aufgeklärt''. Es gibt kaum noch einen Hinterwäldler,
der nicht irgendwie Bescheid weiß. Aber mit der Hohlheit dieses
angeblichen „Wissens'' werden wir sofort bekannt, sobald wir
uns einmal ernsthaft um eine Wissenschaft bemühen, wahrhaftig lernen. Wir machen dabei bald die Erfahrung, daß wir
nur mühsam den Zugang zu einer Wissenschaft gewinnen,
obwohl wir dabei die Hilfe der Lehrenden haben. Die Sorge
der Wissenschaftler gilt nicht dem Fortgang der Forschung
allein, sie gilt auch der Mitteilbarkeit der Forschung, gilt der
wissenschaftlichen Lehre, gilt der didaktischen Form, welche
zumeist eine Stufenleiter steigender Schwierigkeitsgrade dar-

stellt, – beim vor- und ausserwissenschaftlichen Wissen des
Alltags oder des Kindes ansetzt und allmählich dieses Wissen
vertieft und verwandelt. In eine Wissenschaft muß man hinein-
kommen. Wir stehen nicht von vornherein auf dem Boden der
Wissenschaft; wir sind nicht von Hause aus je schon Wissenschaftler.

Der Mensch ist nicht als Mensch bereits in die Wissenschaft
versetzt.

Die Wissenschaft ist eine geschichtlich verwirklichte Möglichkeit des Menschen, primär des europäischen Menschen. Diese in
Europa gestiftete Möglichkeit hat inzwischen den Erdball
umspannt und allen Völkern ihr Gepräge gegeben. Sicher ist
das kein Zufall, ist keine Entwicklung, die vermeidbar gewesen
wäre. Die geschichtliche, schicksalhafte Notwendigkeit, die in
der Heraufkunft der europäischen Wissenschaft waltet, wird
vom reflektierten Selbstbewußtsein dieser Wissenschaft noch
nicht eingeholt, – wird von der Fortschrittsideologie nicht
wahrhaft erhellt. Es bleibt überhaupt fraglich, ob letzten Endes
die Wissenschaft sich über ihr Wesen verständigen kann, ob sie
selbst ein ,,wissenschaftliches Problem'' darstellt. Doch lassen
wir das vorerst beiseite.

Wir nehmen eine Unterscheidung auf, die uns im naiven,
natürlichen Lebensvollzug geläufig ist. Wir unterscheiden das
vor-wissenschaftliche Leben und die Einstellung der Wissenschaft. Dabei erscheint uns das vor-wissenschaftliche Leben
umfänglicher, reicher, vielfältiger, erscheint uns als ein Spielraum von vielen, miteinander abwechselnden Einstellungen und
Haltungen: als das Feld der praktischen Hantierung, der
Bearbeitung der Dinge, als die Zone des magisch-religiösen
Umgangs mit den numinosen Gewalten, als Bereich mitmensch-
licher Geselligkeit, als Schauplatz des Schönen und Schrecklichen.
Vor aller Wissenschaft wird unser Menschenleben bestimmt
und in Bewegung gehalten durch die Vielfalt und das Gegenspiel
der wesentlichen Existenzphänomene: durch Liebe und Streit,
durch Arbeit, durch Kampf um die Herrschaft, durch die Scheu
vor den Himmlischen und die Ehrfurcht vor den Abgeschiedenen.
Die vor-wissenschaftliche Lebensweise hat ihre Tiefen und ihre
Untiefen, hat ihren banalen Alltag und hat die Stunden und
Zeiten der Größe, der Erschütterung und der Entrückung. In

der vorwissenschaftlichen Lebenswelt entspringen die Motive, welche die Wissenschaft auslösen und zustandebringen auf mannigfach verschlungenen Pfaden. Aus der konkreten Sorge um Nahrungssicherung, um Regelung und Einteilung des Kriegswesens, aber auch aus der magischen Weisheit der Priester, aus der Neugier meerbefahrener Völker, aus der Muße einer Herrenschicht, der die Sklaven die Arbeitsmühe abnehmen, aus der reinen Verwunderung kontemplativer Naturen, aus der Zweifelsucht und aus zahllosen anderen Quellen geht die „Wissenschaft" hervor. Die Genealogie der Wissenschaft aus der prä-scientifischen Menschenwelt weist uns doch eindringlich auf die Möglichkeit hin, auch ohne Wissenschaft Mensch sein zu können. Gewiß ist dies nicht unserem Belieben freigestellt; wir können nicht durch irgendeinen bloßen Entschluß aus der geschichtlichen Situation entkommen, in der wir faktisch stehen. Wir wissen, daß der Weg der europäischen Geschichte nicht rückgängig gemacht werden kann, daß wir uns unserem Geschick nicht zu entziehen vermögen. Aber indem wir die Ausbildung der wissenschaftlichen Lebensform und die von ihr geprägte abendländische Kultur als ein Geschichtsereignis epochalen Charakters ansehen, setzen wir diese „Wissenschaft" doch in einem profunden Sinne als zeitweilig und als kontigent an. Das heißt natürlich keineswegs, sie sei ein Ergebnis des blinden Zufalls, in ihrem Werdegang seien keine wesentlichen Kräfte der menschlichen Existenz am Werk. Aber Menschsein ist möglich ohne Wissenschaft. Der Mensch muß nicht im Raume der Wissenschaft existieren. Das gilt nicht bloß für die archaischen Zeiten, nicht bloß für die geschichtslosen Perioden primitiven nomadischen Schweifens, dumpfer Befangenheit und mythisch-abergläubischer Weltdeutung, – es gilt auch für Hochkulturen nichteuropäischer Prägung.

Man wird hier vielleicht den Einwand bringen: wenn einmal der Mensch seines geistigen Wesens inne geworden sei, wenn er die Vernunft in sich und seine vernünftige Freiheit entdeckt habe, müsse er doch notwendig zum Gebrauche seines Vernunftvermögens übergehen, müsse Wissen suchen, erweitern, vertiefen, systematisieren, – müsse er in die Dinge eindringen und die Räume und Zeiten ausforschen, müsse er Wissenschaft treiben. Aber muß er Wissenschaft treiben gerade dieses Gepräges,

gerade dieser europäischen Form? Ist das die einzig mögliche
Art, wissend dem Seienden nahe zu kommen? Welche Grundvorstellungen von Wissen und von Wissenschaft leiten uns? Wo
liegt der Ursprung und die geistige Herkunft des uns beherr-
schenden Wissenschaftsbegriffs? Es könnte sein, dass solche
Fragen nach einem tieferen Grunde der Wissenschaft greifen
als nur nach der vor-wissenschaftlichen Lebenswelt.

Der Ausdruck „vor-wissenschaftliche Lebenswelt" (ein Terminus, den vor allem Edmund Husserl, der Begründer der
modernen „Phänomenologie", gebraucht) ist mit einer merkwürdigen Unklarheit belastet. Zunächst meint man ihn leicht
zu verstehen. „Vor" der Wissenschaft lebt doch der Mensch
des praktischen Lebens; er geht seinen Geschäften nach und
kümmert sich nicht um Fragen und Forschungen der Wissenschaften; das überläßt er den Gelehrten, den Forschern, den
Erfindern, den Technikern, den Lehrern aller Schularten. Aber
wofern er an irgendeiner Schule teilgenommen hat, ist er schon
in Berührung gekommen mit der Welt der Wissenschaft, und
sei es auch in einer entfernten, didaktisch verharmlosten Art
und Weise: er hat mindestens lesen und schreiben und rechnen
gelernt. Und ferner geht er tagtäglich um mit Elektrizität, mit
Radio, mit den tausendfachen Gebilden unserer technischen
Umwelt – und er weiß dabei, daß es sich um Entdeckungen
und Erfindungen der Wissenschaft handelt. Unsere Umwelt
ist längst nicht mehr die reine, jungfräulich unberührte Natur,
auch nicht mehr die in bäuerlicher oder handwerklicher Kunst-
fertigkeit veränderte Landschaft oder Siedlung, es ist die
wissenschaftlich-technisch und industriell umgebrochene und
verformte Natur. Auf Schritt und Tritt begegnen wir Doku-
menten, die sich als Wirkungen der Wissenschaft bezeugen. Das
besagt aber: die Wissenschaften wirken in die Sphäre zurück,
aus der sie einstmals hervorgegangen sind; sie überdecken die
vor-wissenschaftliche Lebenswelt des Menschen mit ihren
Gebilden. Und dies nicht nur in der Weise der Überlagerung
durch technische Produkte. In popularisierter Form sinken die
wissenschaftlichen Theoreme in das alltägliche Lebensverständnis
zurück und überfremden es als der Kulturschutt einer gefähr-
lichen Halbbildung. Wenn wir zwar alltäglich nicht in der
Wissenschaft leben, so leben wir doch auch nicht in einem

strengen Sinne vor- und außerhalb derselben. Oder paradox formuliert: unsere „Vorwissenschaftlichkeit" ist bereits durch die Wissenschaft bestimmt, wir stehen bereits in ihrem objektiven Machtbereich, wenn wir jemals den Versuch machen, in sie einzudringen. Unser Zugang zur Wissenschaft geschieht nie mehr ganz von außen. Wir sind also doch schon in gewisser Weise in sie versetzt, bevor wir überhaupt beginnen, lernend uns um einen Eingang zu mühen.

Was bedeutet aber diese vorgängige Versetztheit in den Machtbereich der Wissenschaft? Haben wir wirklich Anteil an dem, was die Wissenschaft ausmacht, wenn wir in gedankenlos-selbstverständlicher Art mit Erzeugnissen einer wissenschaftlich bestimmten Technik hantieren oder wenn wir im konventionellen Gerede der Popularisierungsliteratur nachreden. Das wird wohl niemand zu behaupten wagen. Aber wir sind eben auch nicht wirklich und wahrhaftig vor und außerhalb der Wissenschaft. Wir haben nicht mehr die Unschuld des Wilden. Wir sind die Gefangenen einer Kulturtradition, zu der eine lange Geschichte der Wissenschaft gehört. So im ungefähren verstehen wir schon, bevor wir uns auf den mühseligen Weg des Lernens machen, was Wissenschaft sein mag. Wissenschaft als Lebensform ist ein uns in der allgemeinsten Typik vertrauter BIOS. In unserem Kulturraum kennt man die Typen des handelnden und des betrachtenden Menschen, die vita activa und die vita contemplativa. Wir haben eine „Heroengeschichte" auch der legendären Forschergestalten, der Pioniere der Wissenschaft, – und der Durchschnittsbürger bezieht daraus seine Erbaulichkeit, wenn ihm der Glaube an den lieben Gott abhanden gekommen ist. Durch die historische Vorgegebenheit der Wissenschaft, die als eine hohe und ehrwürdige Überlieferung bekannt ist, ist unser Alltag nicht im strengen Sinne eine *vor*-wissenschaftliche Sphäre. Wir stehen jeweils in einer traditionalen Situation – und zu dieser gehört bei uns eine ungefähre Bekanntheit mit der Wissenschaft. Weil wir in einer geschichtlichen Kultur leben, an der die europäische Wissenschaft in einem hohen Ausmaße mitgewirkt hat, ist schon die Ausgangslage, von wo aus wir in die Wissenschaft hineinzukommen trachten, bereits von eben dieser Wissenschaft mitgeprägt. Wenn wir das beachten, löst sich der Widerspruch, in den wir uns verstrickt zu haben schienen

Zuerst hatten wir nämlich gesagt: der Mensch kann, aber er
muß nicht in der Wissenschaft existieren. Die Wissenschaft ist
kein Existenzphänomen, das den Menschen als Menschen konsti-
tuiert; sie hat nicht den gleichen Rang wie Arbeit, Liebe oder
Herrschaft. Für die Wissenschaft stellt sich das Problem des
Zugangs, weil der Mensch als Mensch nicht je schon in sie
versetzt ist. Aber im Blick auf unsere Situation des europäischen
Menschen ergab sich anscheinend das gegenteilige Bild; wir
finden für uns keine wissenschaftfreie Daseinssphäre mehr, keine
vor-wissenschaftliche Lebenswelt. Aber das gehört eben zur
geschichtsbedingten Lage, in der wir uns vorfinden. Diese
ganze Geschichte der europäischen Wissenschaft ist ein kontingentes Faktum, ein Faktum von ungeheurem Gewicht, von bestimmten geschichtlichen Kräften heraufgeführt und gründend
in ursprünglichen Entscheidungen der menschlichen Freiheit,
– und ist doch *episodisch*. Das meint nicht, daß wir ihre Zukunft
absehen oder gar prophetisch ein ,,Ende" voraussagen könnten.
Aber es heißt, daß der Mensch nicht immer, solange er überhaupt
Mensch ist, ,,Wissenschaft" treiben muß, so wie er *immer* lieben,
arbeiten, kämpfen muß.

Aber muß denn der Mensch als das geistgezeichnete Lebewesen, als das ,,animal rationale", nicht immer und notwendig
nach Wissen streben? Lebt nicht in jedem echten Wissen die
unersättliche Begierde nach mehr und mehr Wissen? Gibt es
denn ein Wissen, das ,,geschlossen", endgültig und in sich
beruhigt ist, – das nicht mehr ausgreift ins Grenzenlose, das
selbstgenügsam und still sich bescheidet? Es gibt Menschen, die
sich bescheiden, – die nicht verzehrt werden von der brennenden
Sucht nach Einsicht, Klarheit, Begriff, die mit dem ,,Erforsch-
lichen" recht bald zu Ende kommen, um sich in der Ehrfurcht
vor dem ,,Unerforschlichen" bequem einzurichten. Das sind
solche Naturen, die vom Feuer des Prometheus wenig abbekom-
men haben. Aber das menschliche Wissen als solches, das
endliche Wissen ist gerade durch eine es durchglühende Unruhe
und den sehnsüchtigen Ausgriff ins Weltganze gezeichnet.
,,PANTES ANTHROPOI TOU EIDENAI OREGONTAI PHYSEI, alle
Menschen streben von Natur aus begierdehaft nach Wissen"
lautet der erste Satz der ,,Metaphysik" des Aristoteles. Der
tiefe Zusammenhang von Wissen und Begierde, von Vernunft

und Leidenschaft ist keine bloße Verflechtung oberer und unterer Seelenvermögen. Das Wissenwollen ist selber die wildeste Begierde und die Vernunft die unheimlichste Leidenschaft, wenn auch die Vulgärpsychologie seit langem die Vernunft den Leidenschaften entgegenzusetzen pflegt und das Lob der Leidenschaftslosigkeit singt. Das menschliche Wissensstreben ist zweifellos ein wesentliches, ja ein ganz zentrales Existenz-phänomen.

Aber Wissensstreben ist nicht einfach gleichzusetzen mit der europäischen Wissenschaft. Denn diese ist eine geschichtlich verwirklichte einseitige Ausprägung des wesenhaften, ewig-menschlichen Wissensdranges. Die Wißbegierde selbst aber hat den inneren Charakter der Bewegung. Das besagt viel mehr als nur einen psychischen Prozeß, eine Abfolge von Vorstellungen und Denkakten in der individuellen Seele des Wißbegierigen. Wissen ist nicht deswegen bewegungshaft, weil es in psychischen Akten abläuft, es *ist* seiner eigenen Natur nach ursprüngliche Bewegung; es ist nicht stationär, sondern übergänglich.

Hier bei unserer einleitenden Überlegung, welche zu klären sucht, was es heißt, über ,,Grundbegriffe'' einer Wissenschaft abzuhandeln, kommt es zunächst darauf an, an die Ungenauig-keit des üblichen Wortgebrauchs von ,,Grundbegriffen'' zu erinnern. Es ist etwas anderes, ob wir den Terminus in der pädagogisch-propädeutischen Bedeutung aufnehmen, also als die ,,Elementarbegriffe'' des Lernweges auffassen, oder ob wir damit die sachlich-ersten, echten Fundamentalbegriffe meinen. Was der Sache nach das Erste ist, ist nicht das Erste für uns. Die Ordnung des inneren Aufbaus der Sache und die Ordnung des ler-nenden Zugangs treten auseinander. Das ist aber doch ein merk-würdiger und verwunderlicher Unterschied. Von den Wissenschaf-ten her ist er uns geläufig, ja so geläufig, daß wir gewöhnlich nicht mehr allzu viel dabei denken. Wir kennen, wenigstens im Ungefäh-ren, die Schwierigkeit, in eine Wissenschaft hineinzukommen; wir meinen zunächst außerhalb ihrer zu stehen, auf einem vor-wissenschaftlichen Boden, und verlangen nach einer Leiter für den Einstieg, verlangen nach einer pädagogischen Hilfe, die in der geeigneten didaktischen Zurechtlegung der Eingangsprobleme dieser bestimmten Wissenschaft bestehen soll. Aber der Hinblick auf die geschichtliche Lage zeigte, wie wenig vor- und außerwissenschaftlich die Ausgangssituation ist, in der wir das Lernen beginnen. Prinzipieller formuliert: das Zugangsproblem zu einer Wissenschaft gestaltet sich je nach der Art und Weise, wie die Stellung des Menschen zur Wissenschaft verstanden und aufgefaßt wird. Steht der Mensch außerhalb ihrer oder ist er je schon in sie versetzt? Gesetzt den Fall, die Wissenschaft sei keine notwendige, mit dem Menschsein als solchem untrennbar verbundene Lebensäußerung, so würden wir nicht als Menschen schlechthin, wohl aber als Erben einer bestimmten Tradition in einem Vorverständnis von Wissenschaft leben.

Diese formellen und ein wenig langatmigen Erörterungen über die „Wissenschaft", über den an ihr auftretenden Unterschied der „Sache an ihr selbst" und der „Sache für uns", des Ansich-Ersten und des Für-uns-Ersten, des PROTON TE PHYSEI und des PROTON PROS HEMAS, wie es Aristoteles nennt, des menschlichen Innestehens und Außenstehens im Bezug zur Wissenschaft, ferner der wesenhaft ewigen Existenzphänomene und der geschichtlich-faktischen, – all das soll nur dazu dienen, unserer Frage nach der *Philosophie* eine Richtung zu geben. Ist es bei der Philosophie wie bei einer Wissenschaft? Halten wir uns bereits in einer Vorkenntnis auf? Gibt es hier auch zu Recht die Unterscheidung von Forschungsweg und Lernweg, von Sache selbst und Sache für uns? Befindet sich der Mensch von Hause aus in einer vor-philosophischen oder gar außer-philosophischen Situation? Oder ist er in die Philosophie versetzt, sofern er überhaupt Mensch ist? Oder ist er nur in die Philosophie versetzt dank der gleichen Kulturtradition, welche auch die Wissenschaft seit den Griechen überliefert? Läßt sich auch hier legitim von einer Genealogie der Philosophie aus dem vor-philosophischen, natürlichen und unmittelbaren Leben reden?

Alle diese Fragen, die sich aus einem parallelisierenden oder auch kontrastierenden Vergleich von Wissenschaft und Philosophie ergeben, können nicht bündig und geradezu beantwortet werden. Es mag vielleicht sein, daß die Philosophie wesentlicher zum Menschen gehört als jede Wissenschaft, aber sie ist doch niemals ihrer selbst so gewiß und sicher wie eine Wissenschaft, die in einem kontinuierlichen, wenn auch zuweilen von Grundlagenkrisen gestörten Gang durch die Zeiten geht, die Erwerbe früherer Geschlechter bewahrt und ihnen neue zufügt. Eine solche Wissenschaft mag nicht völlig durchsichtig sein und in ihrer Grundbegrifflichkeit nicht ausgearbeitet, so weiß sie sich doch als Wissenschaft; sie zweifelt an tausend Dingen, – nicht an sich selbst. Dagegen gehört zum menschlichen Philosophieren wohl immer die nagende Unruhe eines abgründigen Zweifels an sich selbst, immer die Schwermut der Verzweiflung, die wie ein Schatten dem Glück des Staunens und der Seligkeit der THEORIA folgt. Philosophieren ist ein fragendes Denken, das nach allem – und nicht zuletzt nach sich selber fragt. Die Philosophie ist für das Philosophieren ein Problem. Wir sind ihrer niemals so gewiß und sicher wie irgendeiner Einzelwissenschaft. Und deswegen können wir nicht von vornherein angeben, wie es bei ihr um den Unterschied der „Sache selbst" und ihrer „Sache für uns" steht, – wie Lern- und Lehrform zur immanenten Bewegung ihrer substanziellen Gedanken sich verhält, – in welchem Sinne wir bei ihr von „Grundbegriffen" sprechen sollen. Die Stellung des Menschen zur Philosophie, die Weise seines fragwürdigen Aufenthaltes in ihr, der Sinn des „Zugangs", all das hüllt sich wie in einen Nebel ein, sobald wir darüber uns auszusprechen versuchen. Das hat nicht seinen Grund darin, daß wir zuwenig wüßten von der Philosophie; wir wissen eher zuviel, – wir wissen zuviel Äußerliches, zuviel Historisches. Wir kennen ein weitläufiges Museum der Geistesgeschichte, in welchem eine verwirrende Vielzahl von Doktrinen, Lehrmeinungen, von Welt- und Lebensdeutungen aller Art bewahrt, gesammelt und katalogisiert ist. Die historische Bekanntheit mit der Philosophie, welche ja in unserer kulturellen Überlieferung einen vornehmen, erhöhten Platz einnimmt, verdeckt und verstellt uns zumeist die unheimlichere Art, wie sie im Wesensgrunde des endlichen Menschen haust, wie sie uns angeht und betrifft. Was ist Philosophie? Woher können wir über sie Auskunft bekommen? Genügt es, die Kulturgeschichte zu betrachten und an den großen Figuren der Vergangenheit einen allgemeinen Zug herauszuheben? Am Ausgang der Antike sind im wesentlichen sechs Begriffe von Philosophie überliefert: 1. GNOSIS TON ONTON HE ONTA ESTI, Erkenntnis der seienden Dinge, sofern es seiende sind; 2. GNOSIS THEION TE KAI ANTHROPINON PRAGMATON, Erkenntnis der göttlichen und menschlichen Dinge; 3. MELETE THANATOU, die Bekümmerung um den Tod; 4. HOMOIOSIS THEO

KATA TO DYNATON ANTHROPO, die Verähnlichung mit dem Gott, soweit dies dem Menschen möglich ist; 5. TECHNE TECHNON KAI EPISTEME EPISTEMON, die Kunst der Künste und die Wissenschaft der Wissenschaften; 6. PHILIA SOPHIAS, die Liebe zur Weisheit.

Können diese sechs Kennzeichnungen, in denen die antike Erfahrung des Menschen mit der Philosophie sich ausgesprochen hat, von uns nun einfach aufgenommen werden? Finden wir an ihnen einen zureichenden Leitbegriff, dessen Führung wir uns anvertrauen können? Hier erhebt sich die Frage, ob und inwieweit wir modernen Menschen noch in den griechisch ge-dachten Sinn von Sein, von Gott, von Wissenschaft und TECHNE zurückzureichen vermögen oder den griechischen Begriffen eigene, originale entgegenzustellen wissen? Am leichtesten erscheint wohl die Anknüpfung an die Deutung der Philosophie als der Liebe zur Weisheit. Wir lassen es jetzt zunächst dahin gestellt, ob dies die rechte Worterklärung ist. „Weisheit" ist offenbar etwas, was von allen Menschen – wenigstens dem Namen nach – gekannt und geschätzt wird, was alle Völker aller Zeiten als ein hohes menschliches Gut anerkennen. Aber vielleicht ist es mit der Weisheit wie mit der Glückseligkeit: alle suchen sie zu erlangen, aber alle interpretieren sie anders. Wir erinnerten bereits an den ersten Satz der aristotelischen „Metaphysik", daß alle Menschen von der Wißbegierde getrieben sind. Die Wißbegierde ist nicht bloß eine Begierde nach Wissen, so wie der Durst die Begierde nach Trank ist. Im Trinken kommt der Durst zu Ende; die gestillte Begierde erlischt. Der Wissensdrang ist OREXIS, Begierde, die nie mit einer er-reichten Kenntnis gestillt wird, die vielmehr ständig über sich hinaustreibt; in jedem erreichten Wissen lebt die Ahnung um ein noch wissenderes Wissen. Aristoteles entwirft eine Stufung der Wissenmöglichkeiten. AISTHESIS, sinnliche Wahrnehmung, kommt den Lebewesen zu. Die Aisthesis vernimmt jeweils nur „Gegebenes". Einige Lebewesen, die Tiere, haben auch Ge-dächtnis, MNEME. Sie behalten das Wahrgenommene und sind insofern schon „wissender". Der Mensch aber hat darüber hinaus Erfahrung, EMPEIRIA, und aus ihr aufgehend TECHNE, praktische Auskenntnis in den Dingen. Und aus dieser geht wieder hervor in einer überhöhenden Weise das Verstehen aus

den Gründen einer Sache, die EPISTEME, die Wissenschaft;
und zuhöchst überwölbt als höchste Form des Wissens, das
dem Menschen möglich ist, alle vorangehenden Stufen die
Strebung nach der SOPHIA, die Philo-sophie. Es ist bedeutsam,
daß man in diesem Aufriß nicht bloß ein statisches System
eines Stufenbaues erblickt, ein Ranggefälle von der Pflanze
über das Tier bis hinauf zum Menschen und innerhalb des
Menschenreichs vom bloßen Techniten über den Wissenschaftler
bis hinauf zum Philosophen. Das Ganze ist ein einziger Bewe-
gungs-Weg des Wissens, ein Weg der Wissenssteigerung, der
Verwesentlichung des Wissens. Es ist die tiefe Einsicht des
Aristoteles, daß das letzte Glied der Steigerungskette in gewisser
Weise implizit in allen vorausliegenden „Stufen" da ist, in allen
als ziehende Macht wirkt. In diesem Zusammenhang legt dann
auch Aristoteles das Vorverständnis aus, in welchem wir uns
bewegen beim Gebrauch der Worte SOPHOS und SOPHIA. Das
umgehende Verständnis von Wissen, Weisheit und Weise-sein
wird gestellt und auf die in ihm liegende Ahnung befragt und
abgehört. Das Entscheidende an der großartigen Analyse des
Aristoteles ist der Aufweis der gleichsam verdeckten Art, wie die
Philosophie doch hereinsteht in das gewöhnliche Lebensverständnis des Menschen. Das ungefähre Wissen um Weisheit
wird zum Leitfaden genommen für ein ausdrückliches Fragen
nach der Philosophie. Der Vorgriff wird enthüllt, den der
Mensch immer macht, auch wenn er un-philosophisch lebt. Wir
können die Philosophie nur suchen, weil wir sie schon dunkel,
in der Herzkammer unseres Herzens, kennen, – weil sie unser
Dasein durchmachtet, auch wenn wir sie noch verleugnen.

Aristoteles fragt, wen man so geradewegs einen Weisen,
einen SOPHOS nennt. Weise wird genannt, wer alles weiß. Wer
sich nur in einem Bereich, einem Teilbezirk gut auskennt, kann
nie ein Weiser sein. Was bedeutet aber hier „alles"? Etwa die
Summe aller Dinge, oder ein Allgemeines an allen Dingen oder
das All, worin Einzeldinge sind, entstehen und vergehen? Ein
All-Wissen, ein Wissen vom Seienden im ganzen muß offenbar
den Weisen kennzeichnen. Ferner wird SOPHOS genannt, wer
Schwieriges und nicht leicht Erlernbares weiß; Weisheit wird
jetzt bezogen auf eine äußerste Anstrengung des Menschen; das
Wissen hat in sich einen Horizont steigender Schwierigkeit,

ausgehend vom leichten Wissen von den unmittelbar gegebenen
Dingen, die wir sehen, hören, schmecken usf.. Schwierigerwerden
gehört zum Wissenswachstum. SOPHOS wird genannt, wer am
meisten ausgreift zum Schwierigsten, wer am meisten kämpft
mit der Verborgenheit des Seienden. Auch den nennt man
einen Weisen, der am meisten genau ist in seinem Wissen und
am meisten die Ursachen lehrt. Das Wissen ist offengehalten
in eine Richtung der sich steigernden Genauigkeit und Lehrbarkeit aus Gründen. Und nun springt Aristoteles über von
solchem Vorbegriff vom SOPHOS zum Vorbegriff von der
„höchsten" Wissenschaft, der höchsten EPISTEME. Eine Wissenschaft ist um so eher „weise", wenn sie um ihrer selbst willen
und um des Wissens willen erstrebt wird. Und auch „weiser"
ist eine Wissenschaft, wenn sie „herrschend" ist, als eine
„dienende", – und zwar weil der SOPHOS d.h. derjenige, der alles
Seiende im ganzen im schwierigsten und am schwersten erlern-
baren Wissen auf die genaueste und lehrbarste Weise versteht,
befehlen soll; vom Kundigsten aus soll die Ordnung der menschlichen Dinge geschehen, auf daß sie im Einklang stehen mit
der Ordnung der Welt.

Diese aufgenommenen Vorstellungen vom SOPHOS interpretiert nun Aristoteles und geht dabei weit über die vage
Helle hinaus, die im gewöhnlichen Dasein schon waltet; er deckt
thematisch auf, was zuvor unentfaltet, dunkel geahnt als
impliziter Vorgriff im ungefähren Verstehen von Weisesein liegt.
Jetzt beginnt die grundsätzliche Leistung seiner Interpretation
als die Aufdeckung des im Menschenleben wirkenden Vorgriffs
auf die Philosophie. Der SOPHOS, so legt er jetzt aus, weiß alles,
aber nicht als die Summe aller Einzelheiten; er weiß in der
EPISTEME KATHOLOU, in der Wissenschaft des „Allgemeinen".
Das Allgemeine an den Dingen ist das Seiendsein, die gattungshafte Bestimmtheit der Dinge und die kategoriale Form ihrer
individuellen Existenz. Und wie Aristoteles hier die populären
Vorstellungen vom „schwierigsten Wissen" auslegt auf das
Verstehen des „Allgemeinen" hin und dieses als das Sein des
Seienden begreift, so interpretiert er den zuerst nur aufgenom-
menen Begriff der „größten Genauigkeit"; er bestimmt als das
Genaue nicht das, was man üblicherweise für das Maximum des
Genauen hält, das mathematische Wissen. Er sieht vielmehr

die Genauigkeit vom Bau des Seienden als eines wesenhaft
„gegründeten" her: genauer ist eine Episteme, die mehr als eine
andere auf das „Erste", das Grundlegende geht, – und dabei
ist die am meisten genau, die auf das am meisten Erste aus ist.
Ebenso wird auch die Lehrhaftigkeit vom Bau des Seienden als
eines Gründungsverhältnisses her gedeutet: am meisten lehrbar
ist eine Wissenschaft, wenn sie die letzten Gründe anzugeben
weiß. Auch das „um ihrer selbst willen", das HEAUTOU HENEKEN,
das die Weisheit charakterisiert, wird jetzt schärfer und wesentlicher gefaßt. Weise ist ein Wissen, wenn es nicht nur schlechthin
erstrebt wird, sondern wenn es umwillen des in ihm treibenden
Entwurfs auf die höchste Steigerung hin erstrebt wird. Deswegen
sagt Aristoteles noch „KAI TOU EIDENAI CHARIN" – um des
Wissens willen. Dieser Zusatz ist explikativ, verdeutlicht die
Struktur der Selbstbezogenheit und gibt dem Gedanken den
entscheidenden spekulativen Tiefgang. Mit der harmlos aus-
sehenden Analyse zu Beginn der aristotelischen „Metaphysik"
wird in der Tat in einer profunden Weise das Hereinragen der
Philosophie in den Tag des Menschen erkannt und das Problem
eines möglichen Anfangs des Philosophierens exponiert.

2

VORBEGRIFF DER PHILOSOPHIE.
SEINSAHNUNG UND SEINSSTEIGERUNG

Wir stehen in der Erörterung des Vor-Begriffs von Philosophie. Dabei geht es nicht um eine in didaktischer Absicht
vorzubringende Kennzeichnung derselben, welche der ausdrücklichen Beschäftigung mit ihr den Boden bereiten, das
Feld der Forschung abstecken, den Umkreis der Fragen über-
schauen, das Werkzeug ihrer Denkart und seinen rechten
Gebrauch im vorhinein bestimmen soll. Um eine solche ,,Propä-
deutik'' der Philosophie in einer zureichenden Weise entwerfen
zu können, müßte man bereits in ihrem ,,Besitze'' sein – und
darüber Bescheid wissen, in welchem Verhältnis der Mensch
zur Philosophie und die Philosophie zum Menschen steht. Bei
den Einzelwissenschaften ist alles klarer und eindeutiger. Jede
Einzelwissenschaft hat einen ,,gegenwärtigen Stand''. Dieser ist
das Ergebnis einer langen geschichtlichen Entwicklung, einer
umfassenden Zusammenarbeit der Forscher und Forscher-
generationen, ist dokumentiert in den Standardwerken, in allgemein anerkannten Unterweisungspraktiken usf.; dieser gegen-
wärtige Stand umfaßt eine Fülle gesicherter Theoreme und
bestimmt gegliederte Fragehorizonte, in denen sich der Weiter-
weg der Forschung vorzeichnet. Der ,,Stand'' besagt keine end-
gültige Fixierung, sondern nur einen Querschnitt in der Fort-
schrittsbahn des wissenschaftlichen Wissens. Von diesem in der
lebendigen Forschung auch immer in Bewegung gehaltenen
Stand einer Einzelwissenschaft her bestimmt sich die Lehr-
und Lernbarkeit dieser Wissenschaft. Durch Erlernen kann man
sich in ihren Besitz setzen. Der Erwerb einer Wissenschaft ist
eine Möglichkeit des Einzelmenschen, die ihm im Kulturfaktum

eines institutionalisierten Wissenschaftsbetriebes vorgegeben ist
und die er im Einsatz seiner Intelligenz und seines Arbeitswillens
realisieren kann. Aber der Einzelne muß nicht Wissenschaft
betreiben, wenn es nicht gerade sein individuelles Schicksal,
sein innerer Lebensauftrag ist. Ja auch der Mensch als solcher
muß nicht Wissenschaft treiben. Zur Wesenserfüllung des
Menschseins gehört nicht unabdingbar die besondere Aus-
wirkung des theoretischen Interesses im Stil der europäischen
,,Wissenschaft''. Gerade weil diese geschichtlich gewordene
Möglichkeit der europäischen Wissenschaft *nicht* zum menschlichen Wesen schlechthin gehört, sind hier die Probleme des
Zugangs viel klarer und einfacher, viel weniger verwirrend als
bei der Philosophie. Es gibt eine echte und ursprüngliche Dimension des Menschenlebens, die noch vor aller Wissenschaft
liegt, wenn auch die verwirklichte Wissenschaft nachher diese
Sphäre mit ihren technischen Produkten und Popularisierungs-
abfällen überdeckt und verdeckt. Jedes ,,Erlernen'' einer
Wissenschaft wiederholt in gewisser Weise die Genealogie der
Wissenschaft aus dem vor-wissenschaftlichen Leben.

Anders, ganz anders ist es bei der Philosophie. Sie ist nicht
eine Möglichkeit, die der Einzelne oder das Menschengeschlecht
ergreifen oder fahrenlassen könnte. Sie gehört zum Menschenwesen. Wir sind nicht außerhalb ihrer angesiedelt, – wir haben
keine Stätte, die völlig frei wäre von ihrer Gewalt, frei von ihrer
Lockung und Drohung. Sofern der Mensch aus dem Natur-
frieden des Tieres herausgetreten ist ins Freie der Freiheit und
sprechend-verstehend die Erde bewohnt, die Dinge das Seiende
nennt, ist er bereits in den Machtbereich der Philosophie versetzt.
Das besagt aber nun keineswegs, daß alle Menschen zu allen
Zeiten ausdrücklich philosophieren. Gemessen an dem Ausmaß
ihrer praktischen Geschäfte, ihrer Begierden und Neigungen,
ihrer Sehnsüchte und Träume, ihrer Betätigungen in den
mannigfaltigen Daseinsdimensionen nimmt das reine Denken
offenbar einen geringen Raum ein. Und es sind auch nur Wenige,
nur Einzelgänger und Außenseiter, die dem nichtsnutzigen
Geschäft des Denkens obliegen. Und diese Wenigen sind dabei
auch immer umspielt von dem zweideutigen, tragikomischen
Licht, in welchem schon Sokrates seinen Zeitgenossen erschien:
sie halten sich für die Wächter und Wahrer des Menschenwesens

und sind doch von dem allgemeinen Treiben ihrer Mitmenschen ausgeschlossen, ins Abseitige und Absonderliche verstoßen. Das ausdrückliche Philosophieren nimmt in der menschlichen Gesellschaft nur einen geringfügigen Platz und einen peripheren Rang ein. Und zu allen Zeiten wehrt sich, wie es scheint mit Erfolg, das unbekümmerte Leben gegen den Zweifel, gegen das Mißtrauen, gegen die Bedenklichkeit der Denkenden und vertraut mehr dem frohen Wagemut oder der bewährten Überlieferung als der Reflexion. Wenn man sich vor Augen hält, wie wenig die Philosophie ausdrücklich die Lebenslandschaft des Menschentums bestimmt, wie gering ihr öffentlicher Einfluß und ihre Wirksamkeit ist, wie schmal ihre soziale Basis in denjenigen ist, die sich ganz ihr anheimgeben, wird man in unserer Leit-These, daß der Mensch als Mensch wesenhaft in die Philosophie versetzt sei, eine maßlose Übertreibung sehen. Und doch halten wir an dieser These fest. Es gilt nur, sie angemessen zu verstehen.

Sie ist keine direkte Aussage über einen umittelbaren menschlichen Befund, keine deskriptive Feststellung über die menschliche Natur, die etwa im Hinblick auf die Häufigkeit des Vorkommens der Philosophie im Leben der Individuen und der Gruppen bewahrheitet werden könnte. Viel häufiger als die Philosophie im Menschenland ist die Nichtphilosophie, viel häufiger ist die Gedankenlosigkeit als das Denken. Aber wenn man dergleichen feststellt, gebraucht man doch offensichtlich einen Maßstab, von dem her das nichtphilosophierende Leben vom philosophierenden unterschieden werden kann. Gewöhnlich operieren wir mit dem einfachen Gegensatz. Wir setzen zwei Existenzhaltungen einander gegenüber – und verkennen dabei gerade die seltsame Art, wie das Philosophieren gleichsam im naiven menschlichen Lebensvollzug latent ist, wie es „schläft", wie es daraus erwachen und erweckt werden kann. Die Philosophie ist in verdeckter und verborgener Weise auch noch in dem am Werk, was man gewöhnlich als ihren einfachen Gegensatz ausgibt: sie ist in die Nichtphilosophie des menschlichen Alltags entäußert.

Zum Menschen gehört unablegbar das Verstehen von „Sein". Zumeist aber ist solches Seinsverständnis stillstehend und unbewegt, bildet gewissermaßen ein starres Gerüst von Grundvorstellungen, denen gemäß wir den Bau der Dinge vorwegverstehen, die Gliederung der Grundbereiche des Seienden und den Horizont des Seienden im ganzen im vorhinein *vor* aller Erfahrung, d.h. apriori, vorausdenken. Erst im eigentlichen und ausdrücklichen Philosophieren kommt das ganze Gefüge der apriorischen Seinsgedanken wieder in Bewegung, werden „Grundbegriffe" freigesetzt, werden die uralten, aber immer neu zu denkenden Gedanken wirklich gedacht: was ein Ding, was das Wesen und die Erscheinung, was die Bewegung, was das Wassein und das Daß-sein, was Wirklichkeit und Möglichkeit, was die Natur, was die Freiheit, was Welt und was Gott sei. Wenn wir so die Philosophie als die *Bewegung* des menschlichen Seinsverständnisses anzeigen, gehen wir über die Meinung hinaus, sie sei nur die begriffliche Fixierung einer schon vordem bestehenden Offenbarkeit von „Sein". Vielfach wird das Eigentümliche der Philosophie eben in die begriffliche Formulierung eines Wissens gesetzt, in welchem wir uns schon vor aller Philosophie aufhalten. Sie artikuliert, sagt man, als „Ontologie" mit den Denkmitteln des Begriffs ein „vor-ontologisches Verstehen". Der Schritt von der natürlichen Lebensunmittelbarkeit zur Philosophie wäre dann ein Übergang von einem intuitiven Verstehen zu dessen reflektiv-begrifflicher Durcharbeitung. Das Begreifen würde nur ins Bewußtsein heben, klarer und deutlicher machen, was schon in minderer Deutlichkeit und Klarheit gewußt wird. Der Begriff hätte nur die Funktion einer Aufbereitung. Er wäre gleichsam ein Instrument des Menschen, einem schwebenden und verschwommenen Wissen Kontur und Klarheit und damit Verfügbarkeit zu geben. Aber er würde nicht das Wissen selber vertiefen und weiterbringen. Der Begriff würde zu einer bloßen äußeren „Form" eines seinsverstehenden Wissens, zu einem „intellektuellen Gewand"; er bliebe der Sache selbst äußerlich und fremd. Im Begriff würden wir nicht wesentlicher verstehen, als im vor-begrifflichen Wissen. Nur genauer, distinkter und verfügbarer. Der Begriff selbst hätte zum Wesen des Seienden keinen inneren und notwendigen Bezug, – er wäre eine nur-menschliche Form, dem Seinswissen sozusagen instrumental aufgeprägt.

Demgegenüber muß die „Arbeit des Begriffs", um diese Wendung Hegels aufzunehmen, selber ursprünglicher begriffen werden. In den Seinsbegriffen rückt das menschliche Seins-

verstehen voran, bricht damit neue Horizonte auf. Aber die
Frage stellt sich nun unabweisbar, in welcher *Bahn* ein solcher
Fortgang des seinsbegrifflich gelichteten Verstehens geschieht.
Gehören das Seinsverstehen und die es ausarbeitenden Begriffe
einzig und allein dem Menschen, machen sie gewissermaßen
seine „Ausstattung" aus? Gehören sie ihm zu, wie das Geweih
dem Hirsch oder die Schwere dem Stein? Ist das „Seinsverständnis" ein Besitztum des Menschen, seine Ausstattung als
des „vernünftigen Lebewesens"? Oder ist es eher ein ganz
eigentümlicher B e z u g, der den Menschen über alles Eigene
und alles Eigentum hinausreißt? Das Seinsverständnis des
menschlichen Daseins ist am Ende nicht bloß die humane
Weise, wie w i r uns zum Sein alles Seienden verhalten, sondern die Weise, wie das Sein selbst in das Menschenleben
hereinsteht, sich dem Menschen zuspricht und kundgibt. Nichts
bestimmt den Menschen tiefer und wesentlicher als dieser
Zuspruch. Die bekannten menschlichen Selbstdeutungen, etwa
biologisch als „homo sapiens" in Abscheidung vom Tier, als
„animal rationale", als Vernunftwesen in der Gegenstellung
gegen alle sonstigen innerweltlichen Dinge, als „imago dei", als
„homo faber", als sich selbstbestimmende Freiheit usf., bleiben
alle an Tiefe und Ursprünglichkeit hinter der *Selbsteröffnung
des Seins an den Menschen* zurück. Der Mensch ist der Empfänger
der ältesten Botschaft und der wunderlichsten Offenbarung, –
er ist der Hörende eines Rufes, der das Schweigen der Weltnacht bricht und den Sohn der Erde ins Zeugnis der seinsaus-
legenden Rede hervorruft.

   Der Bezug des Seins zum Menschenwesen aber ereignet sich
als das Hereinragen der Seinsahnung in unser endliches Dasein.
Diese Ahnung ist die B a h n alles philosophierenden Denkens.
Im Raume der Seinsahnung vollzieht sich die Bewegung der
ontologischen Begriffe. Die Philosophie steht in das Menschenleben herein, weil zuvor und ursprünglicher wir durch die Ahnung
vom Sein aufgerissen sind. Obwohl wir damit auch je schon in den
Machtbereich der Philosophie versetzt sind, so sind wir ihrer
doch nicht mächtig; wir können sie nicht nach Belieben herbei-
zwingen, können sie nicht nach unserem Gutdünken vollbringen
oder unterlassen. Aber nicht deshalb nicht, weil sie eine rare und
seltene Möglichkeit, eine Domäne der „Genies" wäre. Die

Philosophie ist die Grundmöglichkeit des Menschen als solchen, sofern das menschliche Wesen durch die Nachbarschaft des Seins selbst ausgezeichnet ist. Die Philosophie ist „für alle und keinen", wie es in Nietzsches Motto zum „Zarathustra" heißt. Die Philosophie ist, sofern der Mensch existiert. Aber gerade deshalb ist sie nicht ein ausschließliches Humanum. Sie kommt dem Menschen kraft eigener Macht und Herrlichkeit so wenig zu, daß er daraus keinen eitlen Stolz zu ziehen vermag, wohl aber das schärfste Bewußtsein seiner Endlichkeit. Wo der Mensch das Feld seines Stolzes hat, wo er sich mit den Gemächten seiner Hände umgibt, mit den Erzeugnissen seiner „Kultur" umstellt und sich als den Herrn und Eigner in seinem Eigentume fühlt, dort fällt bald über die Philosophie der Schatten des Vergessens. Und dieses Vergessen hat eine bannende Gewalt; es beherrscht und durchstimmt fast unser ganzes schlicht-natürliches Leben; es ermöglicht unser gewohntes und gewöhnliches Heimischsein in einer vertrauten Umwelt. Wir gehen um mit dem Seienden und fragen nicht mehr, was denn eigentlich das „Seiendsein" der Dinge sei. Wir hantieren mit Feststellungen und Urteilen und geben sie als „Wahrheiten" aus – und vergessen dabei die Frage nach dem Wesen der Wahrheit. Wir meinen uns auszukennen in der Gesamtordnung der Dinge, wir kennen alle Himmelsstriche und Weltgegenden und können doch nicht in einer denkenden Weise sagen, was das Weltganze ist. Doch ist unser Vergessen niemals absolut und unwiderruflich, der „Schlaf" unseres Geistes nicht so tief, daß kein „Erwachen" daraus mehr möglich wäre. Die wohnliche Sicherheit, in der der Mensch sich eingerichtet hat inmitten des Seienden und verläßlich sich behaust wähnt, kann jederzeit heimgesucht werden von unheimlichen Gästen: mitten im Genuß kann der Ekel aufsteigen, mitten in der betriebsamen Geschäftigkeit eine unbegreifliche Langeweile und mitten in der gewohnten Bekanntheit unserer Umgebung eine jäh befremdende Unheimlichkeit der Welt: media in vita in morte sumus. Die Philosophie, diese zumeist vergessene Existenzmöglichkeit des Menschen, die ihm nicht von ihm selbst her, sondern vom Zuspruch des Seins her zukommt, steht immer herein in das natürlich-naive Leben – wie der Tod. Irgendwie wissen wir immer um den Tod, wissen darum, daß er in jedem Augenblick möglich ist und kommen kann;

aber wir unterdrücken diesen unheimlichen Gedanken, drängen ihn ab – an den Rand des Lebens. Und wie der Tod doch immer geahnt ist trotz alles wegschiebenden Vergessens, so steht auch die Philosophie als die Möglichkeit „für alle und keinen" herein in das fraglose Dasein des Menschen in der Weise der Seins-Ahnung.

Üblicherweise kontrastiert man „Wissen" und „Ahnen". Etwa wir stellen einer sicheren und verbürgten Kenntnis eine „bloße Ahnung" als etwas weitaus Geringeres und Schwächeres gegenüber. Oder in anderer Weise wieder nehmen wir die Ahnung als eine Art von mystischem Einblick in Geheimnisse, als eine dem Verstandeswissen überlegene irrationale Schau, die auch etwas von den „Dingen zwischen Himmel und Erde weiß, von denen unsere Schulweisheit sich nichts träumen läßt". In beiden Fällen, ob man nun die Ahnung dem Wissen unter- oder über-ordnet, hat man ihr ursprüngliches Wesen nicht begriffen. Die Ahnung ist nicht etwas unter, über, neben und außer dem „Wissen", sie ist der Raum, die Bahn, das Feld des Wissens. Die Seinsahnung ist die Weise, wie sich das Sein dem Wesen des Menschen je schon zugeschickt hat. Nie sind wir ohne diese Ahnung und nie sind wir auch in ihrem vollständigen und voll-gültigen Besitz. Die Offenbarkeit des Seins ist vom Menschen nie ganz vergessen und nie ganz erinnert. Wir weben und leben und sind im Zwielicht eines zugleich von Vergessen und Erinne-rung durchwalteten Seinsverstehens. Und auch in der höchsten begrifflichen Anstrengung und Arbeit des endlichen Menschen-geistes gelangen wir niemals dazu, die Ahnung völlig im Begriff einzulösen. Wir vermögen nicht völlig heimisch zu werden in der schattenlosen Klarheit. Von uns gilt das Wort des Aristoteles: „Denn wie sich die Augen der Nachtvögel zu dem Lichte des Tages verhalten, so verhält sich das Vernehmen unserer Seele zu dem, was seiner Natur nach das am meisten Offenbare ist". Das ist weit mehr als ein treffendes Gleichnis, ist ein wahr-haftiges Symbol.

Offenbares nennen wir solches, was sich im Lichte zeigt. Es ist unverborgen, sofern es aufgegangen ist in den Raum der Helle, welcher allem Sichtbaren die Sichtbarkeit gewährt. Wir sehen im Licht. Und das Licht als das allen Dingen die Unverborgenheit Schenkende ist seiner Natur nach das am meisten Offenbare. Aber

gerade in den Glanz des Lichtes selbst vermögen wir kaum zu
blicken, seine Überhelle blendet. Wir sehen eher solches, was
im Licht steht, was belichtet ist. Die Eule, das Totemtier der
endlichen Menschenweisheit, scheut das Licht des hellen Tags,
es hebt in der Dämmerung sich zum Flug. Im Zwielicht als dem
Mittelbereich zwischen Helle und Dunkelheit ist es heimisch.
Und so ist auch der Mensch nicht versetzt in die Sonnenhelle der
strahlenden Offenbarkeit des Seins, er ist verschlagen in das
Zwischenreich zwischen Licht und Finsternis: immer versteht
er ahnungshaft schon so etwas wie „Sein", aber in einer ver-
dunkelten Weise ist ihm nur das offenbar, was seiner Natur nach
gerade das am meisten Lichthafte und Offenbare ist. Die Seinsahnung hält einen unabsehbaren Weg der Stufen und Steige-
rungen offen, eine Bahn für die Bewegung des Seinsbegriffs im
menschlichen Denken. Die Geschichte der Philosophie hat in
dieser Bahn den ihr zukommenden Raum, der zugleich ein Feld
der Siege und der Niederlagen, der Stiftung und des Verfalls
ontologischer Gedanken ist. Von da her ist auch das beirrende
Doppelgesicht der Philosophie zu verstehen. Sie ist uns näher
und wesentlicher zugehörig als irgendeine Wissenschaft; sie ist
in den innersten Lebensgrund des Menschen eingelassen (wenn
sie auch zumeist darin nur „schläft" und verborgen auf dem
Sprung liegt). Sie ist also in unserem Wesen einheimisch, daraus
unvertreibbar. Und doch ist sie keine rein-menschliche Möglichkeit des Menschen; sie entspringt dem Aufenthalt eines Über-
Menschlichen im Menschen, entspringt der in das Menschenwesen eingebrochenen Ahnung des Seins als der geheimnisvollen
Botschaft, die das Sein selbst je schon dem Menschen zugeschickt
hat. Nimmt man das Seinsverstehen, das unseren endlichen
Geist durchwaltet, als „Besitztum" des Menschen, so wird die
Philosophie verharmlost und jeder kosmischen Bedeutung
entkleidet – sie wird dann eben zur bloß menschlich, allzu-
menschlichen „Weltvorstellung", zu einem „Bild" der Dinge im
Kopfe eines intelligenten Säugetiers. Wird aber das Seinsverständnis gedacht als etwas, was den Menschen eingenommen
hat und ihn in der Weise der Ahnung über sich selbst hinausreißt, so gewinnt die Philosophie die Züge einer fremden,
unheimlichen, ja dämonischen Macht, die uns verzaubert,
entsetzt und erschreckt, weil dieses „Fremde" gerade aus der

Tiefe unseres eigenen Wesens aufzusteigen scheint. Philosophie wird zur MANIA, zur Besessenheit, die den Einzelnen ergreift – wie eine Krankheit, wie die Liebe, wie ein unvermutetes Attentat der Götter. Bei Platon finden wir genug Zeugnisse vom dämonischen Charakter der Philosophie; es gibt vielleicht keine glühendere Schilderung des Erotischen im Wesen der Philosophie und des Philosophischen im Eros als den platonischen Dialog „Phaidros". Sicher ist es falsch, die Philosophie mit eindeutigen psychologischen Kategorien in ihrem existenziellen Gehalt erfassen zu wollen, sie entweder der Trunkenheit der Ekstase oder der Nüchternheit kritischer Geistesschärfe zuzuordnen. Sie ist in einer unheimlichen Art beides zugleich, vereinigt Gegensätze und ist ein gelebtes Paradox. Die Arbeit des Begriffs verlangt ebensosehr die sondernde, trennende, scheidende und zergliedernde Kraft des Verstandes, als auch den spekulativen Vernunftblick in die Einigung und Sammlung des Abgeteilten und Entzweiten. Und die Seinsahnung reißt den Menschen nicht nur über sich hinaus zum vollen, heilen und ganzen Sein hin, sie schickt ihn auf einen langen Weg der Stufen, der Zwischengestalten, – treibt ihn durch unabsehbar viele Stationen. Gerade weil die Philosophie in das Dasein des Menschen je schon hereinsteht, ist sie weit mehr als jede episodische Möglichkeit der menschlichen Freiheit (wie z.B. die Wissenschaft) ein unaufhörliches Problem. Sie kommt nicht in einem sachgerichteten Wissen jemals zur Ruhe, sie bleibt zuerst und zuletzt die ruhelose Frage nach sich selbst.

Philosophie ist, wie wir zunächst ihrem Vorbegriff bei Aristoteles entnahmen, das „am meisten Wissen seiende Wissen vom am meisten Wißbaren". Entscheidend ist hier der merkwürdige Begriff des „MALISTA", des „am meisten". Wir dürfen darin nicht einfach ein *höchstes* Wissen vermuten, das über alle sonstigen Weisen des Wissens weit hinausliegt und zu den niederen Wissensformen keinen Bezug mehr hätte. Das MALISTA meint das Höchste und Letzte einer *Steigerungsreihe*, – das Äußerste, worauf die Steigerung hinausdrängt. Das höchste Wissen wird in allen darunterliegenden Stufen erstrebt, es ist das Telos einer Bewegung, welche den ganzen Stufenbau des Wissens durchläuft. Es ist gar nicht von dem niederen Wissen abgeschieden und abgetrennt, es durchmachtet gerade alle niederen Stufen – und kommt auf der höchsten erst ausdrücklich zu sich selbst. Wenn Aristoteles im Ausgang von den umlaufenden Meinungen über den SOPHOS und die EPISTEME einen Vorbegriff der Philosophie entwickelt und dabei gerade in den Blick nimmt, wie sie in das vorphilosophische Leben des Menschen hereinsteht, so läßt sich bei einiger Achtsamkeit der gesteuerte Charakter dieser Analyse erkennen: sie folgt der inneren Verweisung jedes bestimmten Wissens auf ein Höchstmaß, das ihm aber nicht als ein äußerer Maßstab gegenüber, sondern als innere Tendenz in ihm selber liegt. Die unvergleichliche Großartigkeit der aristotelischen Analyse mag einem bei der ersten Kenntnisnahme leicht entgehen; sie sieht unscheinbar aus. Es ist die Unscheinbarkeit des Wesenhaften und Einfachen. Das höchste Wissen liegt schon im gewöhnlichsten und niedersten Wissen verborgen, ist darin angelegt, wirkt darin als ein ziehender Zug. Aber zumeist geben wir diesem Zug nicht nach; wir bleiben gefesselt von den nichtigen Wichtigkeiten des Alltags; wir wissen dunkel und vage um die Philosophie, nennen sie vielleicht auch das allumfassende, schwierigste und genaueste Wissen und drängen sie doch ab; wir deuten den in allem Wissen waltenden Trieb, sich zu übersteigen und wissender sein zu wollen, in einem banalen Sinne, etwa als bloße Ausweitung; die Steigerung wird dann nur als eine solche des Wissensstoffes und nicht des *Wissendseins* verstanden. Wir fragen nicht, wie das höchste Wissen das Ganze weiß, worin seine Schwierigkeit, Genauigkeit, Lehrbarkeit, seine Selbständigkeit und sein herrscherlicher Charakter besteht. In allem Wissen liegt ein innerer Vorblick auf ein „Mehr". Aristoteles hat fünf Spielräume angegeben, in denen eine Steigerung sich bewegen *müßte*, sofern eine bestimmte Gestalt des Wissens über sich hinausdrängt auf ein Mehr an Umfang, ein Mehr an Genauigkeit, ein Mehr an Lehrbarkeit, ein Mehr an Eigenstand, ein Mehr an Verfügungsrecht. Aber dieser alle Wissensgestalten bestimmende und beunruhigende innere Vorgriff auf das „höchste Wissen" ist nicht eine merkwürdige und verwunderliche Eigenschaft des Wissens überhaupt. Wissen ist immer Wissen von Seiendem bzw. vom Seiendsein seiender Dinge oder Begebenheiten. In allem und jedem Wissen wird uns Seiendes offenbar, – in der AISTHESIS, in der sinnlichen Wahrnehmung z.B. *diese* Farbe, *dieser* Ton; wir sehen und

hören solches, das *ist*. Das „IST" an der seienden Farbe und am
seienden Ton wird nicht gesehen und nicht gehört. Aber im
Sehen der Farbe und im Hören des Tones ist mit-verstanden das
„ist" von Farbe und Ton. Im Vernehmen der sinnlich gewahrten
Dinge ist jeweils mit-vernommen ihr „Seiendsein". Wie aber?
Wie ist das Sein der Sinnendinge? Sie sind, sagt man, jeweils
einzelne, sind je ein Dies-da, ein TODE-TI. Aber ist in der Vereinzelung überhaupt ein echtes Sein möglich? Jedes „Dieses" ist
begrenzt, abgeschlossen gegen andere Dinge, es ist nicht alles,
es ist nur hier und jetzt – und das heißt zugleich: nicht überall
und nicht zu aller Zeit. Alles Diesige, was die sinnliche Wahrnehmung, die AISTHESIS erblickt, bleibt durch eine Hinfälligkeit
und Gebrechlichkeit des Seins gezeichnet. Wenn nun das menschliche Verstehen inne wird dieser geringen Seinshaftigkeit der
Sinnendinge als solcher, wird es aufgejagt aus seiner gewöhnlichen Lässigkeit und wird getrieben, ein eigentlicheres Sein zu
suchen. Und so liegt eben, wie uns die aristotelische Analyse
zeigte, in jedem gegebenen Wissen der spähende Ausblick nach
einer volleren, besseren, gültigeren Wissensweise. Aber das ist
keine Eigenart, die dem Wissen gleichsam abgelöst vom Gewußten zukäme. Im Gegenteil. Das Wissen kann eine Steigerung
seiner Wesentlichkeit nur so finden, daß es das Seiende in
seinem Sein wesentlicher erfaßt und betrifft. Das Wissen hat
Stufen und „Grade", weil das gewußte Seiende in sich Stufen
und Grade hat. Die Gradualität des Wissens gründet in einer
Gradualität des Seins. Je mehr ein Wissen eigentlicheres und
echteres Seiendes vernimmt, desto „seiender" ist es selbst als
Wissen. Das seiendste Wissen ist das Wissen vom Seiendsten.
Der Seinsrang des Wissens steht in einem notwendigen Zusammenhang mit dem Seinsrang des in ihm offenbar werdenden
Seienden. Weil es im Sein eine Aufstufung von unten oder umgekehrt ein Gefälle von oben herab gibt, gibt es Stufung und
Gefälle auch im Wissen. Das ist eine ganz entscheidende Einsicht
des Aristoteles, welche die abendländische Metaphysik bewahrt
und im Stil ihrer Fragen und Probleme wachhält. Das Wissen
ist je wissender, je mehr seiend das Gewußte ist.

Das Befremdliche dieses Gedankens liegt in dem eigentümlichen „Komparativ", wie die Worte „wissend" und „seiend"
gesteigert werden. Das ist zunächst etwas Ungewohntes. Die

Naivität des gedankenlosen Alltags kann man gerade dadurch charakterisieren, daß ihm ein Komparativ hinsichtlich Wissendsein und Seiendsein verschlossen bleibt. Man meint, etwas ist oder ist nicht; ein Drittes gibt es nicht. Und ebenso meint man auch, entweder wisse man eine Sache oder täusche sich über sie; ein Drittes zwischen einfacher Wahrheit und einfacher Falschheit gäbe es nicht. Die Philosophie erwacht mit der Einsicht, daß dieses ,,ausgeschlossene Dritte" gerade die Dimension ihrer Problemstellung bedeutet. Der Einblick in die komparativische Natur des Seins und des Wissens eröffnet das Feld der Fragen. Im Alltag ist das Wesen der Vermittlung noch nicht aufgegangen, jener Vermittlung zwischen Sein und Nichts und zwischen Wahrheit und Falschheit. Man besteht auf den Unterschieden und fixen Gegensätzen. Das Wirkliche im ganzen scheint auseinandergelegt zu sein in festumzäunte Bezirke, in Regionen von artverschiedenen Dingen: wir finden den leblosen, anorganischen Naturstoff, finden die belebte Natur als Pflanze, Tier und Mensch, finden die menschlichen Werkgebilde und die Kulturgebilde der Sozialwelt. Man gibt auch eine ,,Rangordnung" zu: etwa als die Überlagerung des Unbelebten durch das Belebte, des Ungeistigen durch das Geistige, des Unfreien durch das Freie. Je mehr ,,Leben", ,,Geist" und ,,Freiheit" ein Seiendes habe, desto höher wird es geachtet und bewertet. Und parallel dazu spricht man wohl auch von einer Rangordnung des ,,Wissens". Das Wissen vom Lebendigen, vom Geistigen und Freien gilt als ,,höher" denn das Wissen vom unlebendigen Stoff. Diese populären Rangordnungen sind aber nicht bezogen auf eine Gradualität im Seiendsein als solchen und auch nicht auf eine im Wissendsein als solchen. Sie sind gleichsam ,,statische" Aufteilungen und Auffächerungen. Man hat z.B. eine Theorie des menschlichen Erkenntnisvermögens, worin niedere und höhere Erkenntnisarten ,,neben" einander vorkommen, aber nicht in einander übergehen. Und man hat einen statischen Aufriß der Gegenstandsbereiche. Wie sehr die Bezirke der Dinge verschiedenen Ranges sein mögen, je nachdem was man als das höchstwertige Seiende ausgibt, so ,,sind" sie, was die Weise des Seins angeht, alle in gleicher Weise. Das Höherwertige, meint man, ist nicht seiender als das Geringwertige. Und doch beginnt die Philosophie erst, wenn uns die Ahnung aufblitzt,

daß es belanglos ist, welche Bewertungen wir von außen den
Dingen auflegen, wie wir ihnen unsere Schätzung oder Verachtung aufbürden, – daß es aber einzig und allein darauf ankommt,
wie in den Dingen selbst ihr gegebenes Sein zu einem stärkeren
und wesentlicheren Sein hindrängt und wie im zugehörigen Wissen der Drang nach einem wissenderen Wissen haust und treibt.
Philosophieren ist niemals nur die selbstherrliche Tat des
Menschen, sie ist das Sicheinlassen auf die kosmische Tendenz,
welche alle endlichen Dinge aus der Entäußerung ins Wesen
heimruft – und auch in allem endlichen Wissen als die Begierde
nach dem wissendsten Wissen glüht, als PHILIA und EROS nach
der SOPHIA. Das „desiderium" unseres Geistes ist keine senti-
mentale Stimmung, kein psychologisch faßbarer Affekt oder sonst
eine innere Tatsache, die aus dem Inventar unserer eigenen
Seele verstanden werden, – in der ahnenden Sehnsucht steht
das Weltganze in das endliche Menschentum herein und eröffnet
die Bahn für das Denken der Weltweisheit.

3

GRADUALITÄT DES SEINSBEGRIFFS.
STATIK UND DYNAMIK DES SEINSPROBLEMS

In unserer einleitenden Besinnung sind wir zu einem ersten
Vorbegriff von Philosophie gekommen: sie ist das denkende
Suchen nach dem am meisten Wissen von dem am meisten
Seienden. Sie ist eine im Grunde unseres Lebens zumeist
verschlossene Begierde, die aber jäh und unvermutet erwachen
kann – und dann viele mögliche Gestalten hat: die ausbrechen
kann wie eine unersättliche Leidenschaft und ein unstillbarer
Durst, aufleuchten kann in einem reinen Staunen, irrlichtern in
einem quälenden Grübeln und Spintisieren, umgehen kann in
kaltem Mißtrauen und schwarzen Verdächten, sich auswirken
kann in zähen, unablässigen, bohrenden Fragen. Die Mannigfalt
menschlicher Haltungen, in denen Philosophie erscheint, ist
groß. Aus der Geschichte kennen wir eine Vielzahl solcher Atti-
tüden, eine bunte Fülle großer Figuren, ein ganzes Mausoleum
von Heroengestalten des Denkens. Es ist eine beliebte Manier,
die Geschichte der Philosophie zu erzählen als Biographie der
Philosophen und als Bericht über die Schicksale ihrer „Schulen".
Man vermeidet damit, als Historiker, sich selber auf eine der
Meinungen festzulegen, man behält den „Überblick", man
achtet auf die Lebensmotive, die „hinter" den Lehren stehen,
nimmt die Philosopheme als „Ausdrucksgestalten", als sympto-
matische Äußerungen typischer Seelen- und Geisteshaltungen, als
Dokumente menschlicher Existenz. Die Philosophie wird
anscheinend in einer solchen Betrachtungsart aus dem Sinn-
ganzen des Menschenlebens erleuchtet und erhellt, in ihrer
„existenziellen Motivation" aufgedeckt. Aber woher nimmt
eine solche Psychologie die Kategorien ihres Verstehens? Kann

man denn *über* die Philosophie gültige Aussagen machen, ehe
man sich auf sie eingelassen hat? Wird hier nicht die Vulgärpsychologie des *nicht*-philosophierenden Lebens unbesehen zum
Maßstab einer Beurteilung angenommen für ein Geschehen, in
welchem die naive und selbstsichere Lebensunmittelbarkeit
zugrundegeht? Sicher ist es wahr, daß auch in der Philosophie
der Mensch sich „ausdrückt", – ja sie gibt vielleicht in einer
hohen und äußersten Weise Zeugnis von der Macht und Ohn-
macht menschlichen Wesens, von der Größe und dem Elend
unseres Seins. Daß die Philosophie in der innersten Lebenstiefe
des Menschen wurzelt und aus seinem abgründigsten Grunde
entspringt, ist wahr, wenn anders der Mensch unter allen Lebewesen ausgezeichnet ist durch das Verstehen von Sein. Aber
fraglich ist, ob das Philosophieren als die Bewegung dieses Seinsverständnisses in seiner existenziellen Motivation erhellt und
beschrieben werden kann, bevor wir einen philosophischen
Begriff von der Existenz des Menschen gewonnen haben. Und
weiterhin bleibt die radikalere Frage, ob das, was als Leidenschaft und Begier des Wissenwollens im Menschengeiste auf-
bricht, überhaupt in Gang kommen könnte, wenn nicht zuvor
eine Bahn vorausleuchtet für den Weg des denkenden Begreifens.
Gerade die rätselhafte Fremdheit, welche das Licht des Seins in
der Menschenseele umspielt, weist darauf, daß nicht wir von
uns aus dieses, wenn auch dämmerhaft trübe Licht erzeugen,
– daß es vielmehr in uns eingebrochen ist als Anruf und Lockung
einer über-menschlichen Macht. Wir unterstehen dem ziehenden
Zug einer uns als „Rätsel" erscheinenden Gewalt, die unser
Suchen, Fragen und Begreifen herausfordert. Der Mensch ist
der Herausgeforderte des Seins. Die in uns eingesenkte Ahnung
vom Sein und die zugleich damit gegebene beirrende Rätselhaftigkeit des Seienden im ganzen bildet die wesentliche Not,
welche das Philosophieren ernötigt. Warum können und müssen
wir nach dem „Sein" fragen? Es gibt doch zweifellos Situationen,
wo wir von einem solchen Fragen meilenweit entfernt sind. Es
gibt Situationen friedvoller Lebenssicherheit und harmloser
Unbekümmertheit, wo wir gleichsam dahintreiben auf der alle
Geschöpfe tragenden Lebensflut, wo die Natur uns mütterlich
hält, – es gibt Lagen, wo wir eingerichtet sind in dem großen
Kulturgehäuse, in Sitten und Konventionen uns bewegen in der

Geläufigkeit des allgemeinen Treibens, wo uns entschieden scheint, was „gut" und „böse", was recht und schlecht, was edel und gemein. Das Sein der Naturdinge und das Sein der Kulturdinge bilden dann für uns kein Problem. Wir gehen mit dergleichen um in einer gekonnten und anscheinend verläßlichen Art. Weitaus der größte Teil des Menschenlebens besteht in solchem problemlosen Umgang mit dem Seienden.

Aber das Unheimliche daran ist, daß plötzlich und jäh der Boden brechen kann, der uns gewöhnlich trägt, – daß wir wegsinken können ins Bodenlose. Das Unheimlichste an diesem unheimlichen Geschehen ist nicht die jähe Plötzlichkeit seines Auftritts, nicht der unerwartete Umschlag einer vertrauten Lebenslandschaft in eine unbegreifliche Fremdheit, sondern dies: daß wir immer schon um diese Möglichkeit wußten. Nur haben wir dieses Wissen unterdrückt, niedergehalten, gewaltsam vergessen. Die Fremdheit des Seienden ist nicht ein Moment, das unerwartet auftaucht und die Vertrautheit der Dinge beseitigt. Sie hat immer schon unter der dünnen Decke einer oberflächlichen Vertrautheit auf der Lauer gelegen, sprungbereit zum Einfall in den Tag unseres oberflächlichen Dahinlebens. In Wahrheit kennen wir *allezeit* diese Fremdheit, die das uns „gegebene" Seiende umhüllt und uns entzieht. Wir kennen sie, wie wir den Tod kennen. Auch ihn bemühen wir uns hinauszutreiben, wegzustellen an den Rand des Lebens, hinauszuscheuchen aus den menschlichen Siedlungen in die Friedhöfe vor den Toren – und doch ist er immer mitten unter uns, sein Schatten fällt über jeden Sterblichen, er sitzt bei jedem Mahl und liegt auf jedem Lager, er wirkt in jeder Tat und wartet bei allen unseren Freuden und Leiden. So unterläuft auch die rätseldunkle Fremdheit des Seienden die tagtägliche Bekanntschaft unseres Umgangs mit den Dingen. In der Philosophie wird dann die Fremdheit als solche und in ausdrücklicher Schärfe erfahren.

Aber die Lage des Menschen inmitten der im Weltall versammelten Dinge wird zu kurz bestimmt, wenn man nur auf die „Fremdheit" hinweist und darin den eigentlichen Begegnungscharakter des Seienden für uns erkennen will. Ist der Mensch nur der „verlorene Sohn" der Natur, der Fremdling unter ihren Geschöpfen, weil er ihrem Bann entronnen ist und sich

die Freiheit nahm? Ist er völlig und gänzlich „frei", bildet er
wirklich sich selbst in den Entscheidungen seiner Freiheit?
Wenn dem so wäre, so wäre er in der Tat nur noch „ein trüber
Gast auf der dunklen Erde", – und das in sich selber ruhende
Seiende, wie es die meisten Naturdinge sind, müßte ihm uner-
reichbar fern und fremd bleiben. Aber der Mensch ist nicht
ausschließlich ausgesetzt ins Freie der Freiheit und ist auch
nicht wie die „spiritualistisch" gedachte Gottheit allem Sinnlichen enthoben. Leiblich und leibhaft gehört er immer noch dem
Sinnlichen an, gehört er zur „Erde" und hat Teil an ihrem bergenden Schutz, steht er in einer tiefen unüberholbaren Vertrautheit
mit allem, was ist. Der Mensch ist zugleich ausgesetzt und
geborgen, zugleich hinausgestellt in den Wind der Freiheit und
eingelassen in den mütterlichen Grund. Der Mensch existiert
als ein Paradox. Er vereint Gegensätze in sich, die unvereinbar
scheinen. Er versteht das Seiende in einer ursprünglichen
Fremdheit und ursprünglichen Vertrautheit. Die äußerste
Befremdlichkeit wird noch von einer unzerstörbaren Vertrautheit
gehalten und umgekehrt wird alles Seinsvertrauen von einem
nagenden Zweifel durchsetzt. Das Verhältnis des Menschen zum
Sein schillert in der Zweideutigkeit von Innigkeit und Ferne.
Das ist nicht als eine „psychologische" Aussage gemeint. Es ist
nicht die Eigentümlichkeit des Menschen, sich so „zweideutig"
zu verhalten, es liegt viel tiefer begründet im Bezug, den das
Seiende im ganzen zu diesem einzigen innerweltlichen Lebewesen genommen hat. Der Mensch kennt das Sein aller seienden
Dinge nie nicht und nie ganz. Das Sein ist für den Menschen
das je schon immer Verstandene und zugleich das immer noch
Unbegriffene. Es ist uns nah und fern in eins. Dort, wo man nur
die Freiheit als das Wesen des Menschen proklamiert, gewinnt
das Seinsproblem eine verschrobene, einseitige Form: denn es
kann dort nie gelingen, das „Ansichsein" der Dinge, ihr natur-
haftes Insichselberruhen, mit den Kategorien und Begriffen der
Freiheit, die wesentlich doch „Fürsichsein" ist, zu fassen. Aber
auch wo man lediglich ausgeht von der Unmittelbarkeit des
menschlichen Innestehens in der Natur, verliert man die zu jeder
Frage und Problemstellung gehörende „Distanz". Es ist zu
vermuten, daß der rechte Begriff vom Menschen irgendwie
zusammenhängt mit dem rechten Ansatz der Seinsfrage. Doch

bleibt zunächst im Dunkeln, was das für ein Zusammenhang ist und wie er angegangen werden kann. Ist es möglich, zuerst einen philosophisch legitimen Begriff vom Menschen als dem seinsverstehenden Wesen zu entwickeln, eine „Analytik der menschlichen Existenz" zu entwerfen, und dann die begriffliche Bewältigung des Seinsproblems überhaupt zu versuchen? Oder können wir am Ende erst sagen, was und wie der Mensch „ist", wenn der Seinsbegriff zumindesten eine Strecke weit ausgearbeitet ist? Das mag als eine allzu akademische Methodendiskussion angesehen werden. In Wahrheit handelt es sich dabei um Grundsatzfragen, die auch in der zeitgenössischen Ontologie noch immer unbeantwortet sind.

Kehren wir zum Einfacheren zurück. Wir haben einen ersten Ansatz genommen in der Charakteristik der Philosophie als der Begierde nach dem am meisten Wissen von dem am meisten Seienden. Eine solche Begierde, mag sie herkommen, von wo immer sie will, ist bestimmt durch einen sehnenden Ausgriff. Sie greift vor nach einem „Höchsten". Und dabei stößt sie sich jeweils ab von einem Gegebenen. Wie ist ein solcher Ausgriff der Denkbegierde überhaupt möglich? Warum begnügt sich das menschliche Erkenntnisvermögen nicht mit dem, was „gegeben" ist? Nun wird man sagen, der Umkreis der uns jeweils gegebenen Dinge ist eng, ist beschränkt, er gibt sich selbst als „Teilstück", er führt sozusagen einen Umgebungshof, einen offenen Horizont mit sich, der zum Eindringen lockt. Wir versuchen immer, extensiv und intensiv die gegebenen Dinge mehr und mehr zu durchdringen, das Feld der Gegebenheit auszuweiten. Das geschieht vornehmlich in den mannigfachen Formen der Wissenschaft. Aber die wissenschaftliche Erweiterung und Vertiefung unserer Kenntnisse war mit der vorigen Frage nicht gemeint. Das Denken ist aus auf solches, was „seiender" ist als das zunächst Gegebene, es späht sogar nach einem Seiendsten, damit es daran den Maßstab habe, um jegliches zu bemessen in seinem Seinsrang. Das Denken kann *fragen*, weil es je schon in der Ahnung einer möglichen Steigerung des Seins lebt. Es ist also kein beliebiger Einfall des menschlichen Denkens, – nicht ein findiger oder schrulliger Kopf kam auf die absonderliche Idee, den Begriff „seiend" zu steigern. Die Seinsfrage setzt schon den Einblick in die merkwürdige Steigerungsmöglichkeit des Seiendseins voraus. Diese Steigerung nennen wir den *„ontologischen Komparativ"*. Längst vor dem Denken der Philosophie kennen wir alltäglich und nicht-alltäglich das Phänomen der „Steigerung". Wir bezeichnen irgendwelche Dinge als „stark", „gesund", als „schön" usf. Dabei fällt uns aber ein Unterschied auf. Wir können diese Ausdrücke nicht durchgängig im gleichen Sinne „steigern". Wenn z.B. jemand „gesünder" ist als ein anderer, so können dabei beide nicht schlechthin gesund sein. Die Steigerung hält sich hier im Felde des Ungesunden und endet schließlich beim „Vollkommen-Gesunden". Es ist offensichtlich ein Unsinn, einen gesünder als „vollkommen gesund" zu bezeichnen. Das Mehr oder Weniger der Gesundheitsgrade bleibt unterhalb des „Vollkommengesunden". Die Steigerung hält sich im Raum des Privativen: wo Lebewesen der völligen Gesundheit beraubt sind, gibt es Gradunterschiede der Gesundheit zwischen ihnen. Und ähnlich ist es wohl beim Begriff des Schönen. Es gibt wohl auch kein Schöneres als das vollkommen Schöne. Anders aber ist es beim Ausdruck „mächtig": zu jeder bestimmten Macht können wir offensichtlich noch eine sie übertreffende Übermacht denken. Hier scheint ein Progressus in infinitum, eine endlose Steigerung möglich zu sein. Und ebenso bei den räumlichen und zeitlichen Größen .Zu jeder Strecke läßt sich eine noch größere Strecke, zu jeder Weile eine noch größere Weile hinzudenken. Und auch in Richtung auf das Kleine läßt sich offenbar unbegrenzt steigern. Aber nun denken wir doch außerphilosophisch, wenngleich nicht alltäglich, ein Ende der zunächst uns als unbegrenzt steigerungsfähig erscheinenden Begriffe. Wir meinen etwa in religiösen und kosmischen Vorstellungen eine Macht, die alle Macht, die All-Macht ist. Die „Allmacht" liegt nicht nur um einen Grad über die nächst niedere Machtstufe hinaus, sie übertrifft alle *endlichen* Machtstufen. Wir nennen sie unendliche oder absolute Macht. Gott schreiben wir die „Allmacht", die „Allwissenheit", „Allgüte" und dgl. zu. Entscheidend ist dabei das Gedankenmotiv der „Allheit". So wie das Weltall über alle binnenweltlichen Dinge hinausliegt und durch Addition des Innerweltlichen nie erreicht werden kann, so liegt die All-Macht über alle endliche Machtquanten hinaus. Wenn das Denken der Philosophie aufblitzt mit dem Einblick in die Steigerung des Begriffs „seiend", so ist zunächst eine solche

Steigerung mit der uns sonst bekannten Art des Steigerns nicht zu vergleichen. Denn hier wird das Absurde gewagt: den feststehendsten, unerschütterlichsten Begriff ins Schwanken der Vieldeutigkeit zu werfen. Liegt denn das, was ist, nicht fest? Ist das Sein nicht in sich so unabänderlich wie der Tod? Läßt sich etwa auch der Begriff „tot" steigern? Kann jemand töter sein als ein anderer? Oder ist ein Mensch entweder lebendig oder tot?

Der Begriff „seiend" entzieht sich, möchte man bei einem ersten Nachdenken meinen, noch mehr der Möglichkeit einer Steigerung als der Begriff „tot". Und in der Tat hat die abendländische Philosophie in der Morgenfrühe ihrer Geschichte: bei den Eleaten, bei Parmenides, Melissos und Zenon, eine ungeheure Anstrengung auf die Scheidung, auf die KRISIS, verwandt: daß das Seiende ist – und das Nichtseiende nicht ist. Die schroffe Entgegensetzung von „Sein" und „Nichts" und die schärfste Verwerfung jeder Vermischung kennzeichnet das Denken der Eleaten. Platon aber begeht den „Vatermord", wie er im Dialog SOPHISTES sagt, dadurch daß er die eleatische Trennung von Sein und Nichts aufgibt und die Gegensätze „vermittelt" in einer Weise, die dem menschlichen Geiste härter eingeht als eine Vermittlung zwischen Feuer und Wasser oder gar zwischen Leben und Tod. Das „Seiendsein" wird als einer Steigerung fähig proklamiert – und damit wird zugleich die ruhelose Jagd eröffnet, in welcher das menschliche Denken dem Seienden nachsetzt wie der Jäger dem flüchtenden Wild oder der Liebhaber dem Geliebten. Platon wird nicht müde, immer wieder das Bild einer Verfolgungsjagd zu beschwören oder das einer erotischen Werbung. Die Stellung des Menschen zum Seienden wird gefaßt als eine Ferne, die er leidenschaftlich zu durchdringen sucht. Das Denken weiß sich des Seins nicht gewiß, es sucht die Annäherung, sucht den Weg, die Methode, sucht hinter allem Gegebenen das Eigentlichere und Seinsstärkere – und es kommt nicht zur Ruhe, ehe es nicht das am meisten Seiende „erschaut" hat. Der Mensch wird zum Jäger und Liebhaber des Seiendsten. Und dabei ist es wiederum nicht das Verhältnis einer gewöhnlichen Jagd oder einer gewöhnlichen Liebe: denn das, was am meisten ist, übertrifft unendlich den Menschen, – er kann es nicht einfangen im Netz seiner „Begriffe", und doch muß er immer wieder, aus innerster Nötigung, dieses Unmögliche versuchen. Wie aber muß denn die Steigerung des Begriffs „seiend" gedacht werden? Was ist damit gemeint, wenn wir etwas „seiender" nennen als ein anderes? Gebrauchen wir die Komparation analog wie vorhin beim Begriff „gesund" oder „schön"? Gibt es in ähnlicher Weise ein „vollkommenes Sein" so, wie es ein vollkommen Gesundsein gibt? Anders gewendet: gibt es die *Grade des Seins* nur im Raum der Privation? Gibt es die Stufen des „mehr" oder „weniger seiend" sozusagen nur unterhalb des heilen, unversehrten Seins? So – wie es das mehr oder weniger Gesunde oder das mehr oder weniger Schöne eben nur unterhalb des vollkommen-Gesunden und des vollkommen-Schönen gibt? Oder läßt sich – in Analogie zu extensiven und intensiven Größen – das „seiend" so steigern, daß wir immer zu jedem erreichten Seinsgrad einen noch höheren Grad hinzudenken können „in infinitum"? Oder werden alle endlichen Stufen von Sein „un-endlich" überhöht von einem allheitlichen Inbegriff – analog wie die endlichen Machtstufen von der All-Macht? Muß im Begriff des am meisten Seienden das Moment der Allheit notwendig mitgedacht werden oder nicht?

Diese Frage entscheidet über eine „theologische" oder „kosmologische" Fassung des tragenden Grundbegriffs – und damit über das gott-bezogene oder gott-lose Gepräge der Philosophie.

Mit der Gradualität des Seinsbegriffs ist eng verkoppelt eine mögliche Steigerung im menschlichen Wissen. Je seiender das ist, worauf ein Wissen sich bezieht, desto höheren Rang hat das Wissen; es ist dann „wissender" und ist zugleich damit auch als Wissen „seiender", dem eigentlich-seienden Wissen näherstehend. Denn das wissendste Wissen ist auch das seiendste Wissen und ist bezogen auf solches, das am meisten ist. M.a.W. das menschliche Wissen entnimmt seinen Rang nicht dem Seinsrang des menschlichen Subjektes überhaupt, sondern viel entscheidender dem, worauf es sich bezieht. Der Rang eines Wissens bestimmt sich nicht so sehr aus dem Seinsrang des Wissenden, als vielmehr aus dem Seinsrang des Gewußten. Das sind ganz fundamentale Zusammenhänge, aus denen die antike Interpretation des Verhältnisses von Sein und Wissen erfolgt. Erst mit Kants „Revolution der Denkungsart" wird der Bezug von Sein und Wissen in einem erhöhten Maße problematisch und die nachkantische „idealistische" Möglichkeit vorbereitet, das Sein aus dem Wissen ontologisch abzuleiten: die Subjektivität als das Wesen der Substanz anzusetzen.

Zunächst finden wir schon beim ersten Versuch einer Überschau über die mannigfachen Formen und Gestalten des menschlichen Wissens auffällige Unterschiede: Unterschiede der Klarheit und Deutlichkeit, – der „Gewißheit", der Beweisbarkeit und dgl.. Die Sinneswahrnehmung ist offenbar anders gebaut als eine Verstandeserkenntnis, ein Wissen vom Mitmenschen anders als eine logische Einsicht, ein Verstehen von Lebendigem anders als ein Begreifen leblosen Stoffes. Und auch anders sind apriorische Erkenntnisse als die aposteriorischen. Alle Sorten von Erkenntnissen stehen aber zunächst doch wohl n i c h t in einem inneren Verhältnis einer Steigerung derart, daß niedere Erkenntnis-Arten von sich selbst aus drängen würden, in höhere überzugehen, sich in höheren fortzusetzen. Man wählt vielleicht eine besondere Art als Muster an Genauigkeit aus und sieht darin das Optimum von Erkennen überhaupt. So ist z.B. immer wieder die mathematische Erkenntnisweise als Musterbild, als prototypisches Modell aufgestellt worden. Sie erfüllt, sagt man, in höchstem Maße die Forderungen, die man von einem Wissen, einer Erkenntnisart sollte verlangen können. Sie ist einsichtig, genau, beweisbar usf.. Nimmt man sie nun als Maßstab, dann sinkt nicht bloß die Sinneserkenntnis ins Bedeutungslose herab, sondern auch solche Erkenntnisse, in denen der Mensch vermeint, die mächtigen Götter, die sittlichen Regeln, die Normen des Staates erkennen zu können. Von den Göttern und von dem moralisch Guten gibt es keine Beweise, die die unbedingte zwingende Stringenz haben wie die Beweise der Mathematik. Der Mensch ist der heillosen Lage ausgesetzt, daß er in seinem bedeutsamsten Wissen, das ihm am meisten am Herzen liegt, gerade nicht die eindeutige, kristallklare Gewißheit haben kann. Was ihn im Kerne seines Lebens interessiert, ist nicht „mathematisch beweisbar". Die Beispiele in der Geschichte, wo die Vorherrschaft der Mathematik die Grundauffassung von der Natur des Wissens und der Wissenschaft bestimmt, sind so zahlreich, daß darin wohl eine typische Neigung des Menschengeistes gesehen werden kann. Aber wir haben auch einen ständig wiederkehrenden typischen Protest dagegen. Man sagt dann,

jede Erkenntnisart hat ihren Eigenwert in sich; es ist sinnlos,
vom Hören, Sehen, Riechen eine mathematische Präzision zu
verlangen; die Sinneserkenntnis erschließt in einer ganz ein-
zigartigen Weise eben das Sinnliche in seinem Gehalt. Die
AISTHESIS kann nicht gemessen werden an einer Vorbildlichkeit
des mathematischen Erkennens. Es hängt ja letzten Endes vom
Sachgehalt der erkannten Dinge ab, welche Erkenntnisart ihnen
entspricht und ihnen angemessen ist. Es gibt im Ganzen der
Gesamtwirklichkeit nicht nur viele Dinge, sondern auch vielerlei
Dinge, es gibt Seinsbereiche, Gegenstandsfelder, es gibt die
Regionen des Gleichartigen. Jede Region von Dingen hält nur
einen ihr angemessenen Zugang offen. Die Zugangswege des
Wissens zu den Dingbezirken stehen auch unter den Bedingungen
der Sachen, die zu Gegenständen des Wissens werden sollen.
Es ist schon viel Scharfsinn und Urteilskraft aufgewandt worden,
um hier überall in rechter Weise die Grenzen zu ziehen, um die
Sachbereiche sauber zu scheiden und die ihnen zugehörigen
Erkenntnisarten gültig von einander abzusetzen; denn aus der
Vermischung und Vermengung derselben ergeben sich viele
,,Scheinprobleme". Die Grundbereiche der Dinge begrifflich
abzustecken, die Regionen des Gleichartigen auseinanderzu-
halten, bezeichnet man als die ,,Aufgabe einer regionalen Ontologie". Wenn es gelänge, die Wesensfelder so zu überblicken, daß
es zu keinen Verkennungen, zu keinen Grenzüberschreitungen
mehr käme, so hätte man gewissermaßen eine eidetische Topo-
logie der Gesamtwirklichkeit, eine begriffliche Geographie des
Seienden überhaupt. Man hätte die Architektur des Kosmos,
das System aller Dinge, sofern es in den Sachen selber liege. Und
parallel dazu müßte man dann wohl auf der Seite des Wissens
das korrelative System der Erkenntnisarten, die Architektur der
Vernunft entdecken und fixieren können. Eine kritische, sondernde Untersuchung des menschlichen Erkenntnisvermögens
überhaupt würde dann die Grenzziehungen vollbringen zwischen
Anschauung und Denken, zwischen Intuition und Begriff,
zwischen apriorischen und aposteriorischen Erkenntnismomenten
usf. Von Kant kennt man eine großartige Durchführung einer
solchen grundsätzlichen Zergliederung, wenngleich seine ,,Kritik
der reinen Vernunft" aus einer viel tieferen Fragestellung
hervorgeht. Die kritische Analyse des menschlichen Wissens,

vor allem wenn sie im Zusammenhang mit der regionalen Ontologie versucht wird, hat zweifellos eine eminente philosophische Bedeutung. Das Denken sichert sich gegen Grenzüberschreitungen, besinnt sich auf die Tragweite und Leistungskraft einer bestimmten Wissensweise und überfordert oder unterschätzt sie nicht durch das Vorhalten eines falschen Maßstabes.

Eine bestimmte Radikalisierung hat diese Idee einer Vernunftkritik und einer entsprechenden „Regionalen Ontologie" erfahren in dem Hinweis, daß die Dingbereiche sich nicht nur unterscheiden durch das Was-sein, durch die „essentia" ihrer Gegenstände, sondern sich auch unterscheiden in der Weise, wie jeweils die Dinge in ihrem Wirklichsein sind. M.a.W. man sagte, die Dinge haben nicht nur ein Wesen, was sie abscheidet von ganz andersartigen Dingen (etwa wie Pflanzen von den Tieren – oder die Lebewesen von den leblosen Dingen, die mathematischen Sachverhalte von den Mathematik treibenden Menschen usf.); die Dinge haben auch eine ihnen zukommende Seinsweise, einen je verschiedenen „modus essendi". Sie sind in ihrem jeweiligen Wirklichsein nicht gleich. Das Wirklichsein hat bei denMenschen einen anderen Charakter als das Wirklichsein von Steinen. Es ist eine *analogische* Redeweise, wenn wir vom Wirklichsein bei Stein und Strauch, bei Tier und Mensch, bei Zahl und Gerät sprechen. Im Bezugsraum der Analogie liegt also eine Vieldeutigkeit und auch Einheit des Seinsbegriffs. Ist nun dieser Analogiebezug die Stätte des Seinsproblems? Gibt es dieses Problem, weil *wir* das Sein in vielfacher und doch wieder in einfacher Weise sagen? Gilt es, den *Sinn von Sein* zu klären und ins Helle zu stellen, von woher wir dergleichen wie Sein überhaupt verstehen? Auch wenn über die Unterschiede des Was-seins hinaus noch Unterschiede in der Weise des Wirklichseins bei allem Seienden beachtet werden, so ist man noch nicht über eine „*statische*" Gesamtauffassung von Sein und auch Wissen hinausgekommen, – man ist noch nicht in die Dimension des „ontologischen Komparativs" gelangt. Die Felder der Dinge samt den ihnen genuin zugehörigen Seinsweisen bleiben gewissermaßen in einer festen, fixen ontologischen Verfassung „stehen" und bilden ein architektonisches System. Das menschliche Denken versucht sozusagen von außen das ansichbestehende System von Seiendem

und Sein zu fassen und in den Griff des Begriffs zu bringen. Das
Denken hat sich noch nicht in das Wesen der Sachen eingesenkt
und geht in ihrem „Leben" noch nicht mit. Der große spekulative
Gedanke der Philosophie Hegels ist: daß das Wissen der Sache
nicht äußerlich bleiben kann, daß es in die innere Bewegtheit
des endlich-Seienden sich einlassen muß, – in jene phänomenal
nie vorfindliche, aber geheime und untergründige Bewegtheit,
die alle endlichen Gestalten baut und zerbricht und auf das am
meisten Seiende hintreibt. Das endliche Seiende überhaupt
strebt in sich zum Seiendsten. Es jagt auf der Bahn der Steigerung. Die Steigerung besteht nicht für uns bloß, die Zuschauen-
den der alle Dinge durchströmenden Weltbewegung, die Steigerung besteht zuerst und vor allem für das Seiende selbst.
Und deswegen kommt es nicht darauf an, irgendeine durch
„Genauigkeit" imponierende Wissensart als Muster auszu-
wählen und das Mathematische etwa als die Höchststufe des
Seins zu bezeichnen, von der her der Seinsrang aller anderen
Dinge bestimmbar würde. Es kommt überhaupt nicht darauf
an, daß wir ein Maß aufstellen, uns ein „geschnitztes Bild"
des höchsten Seienden verfertigen. Es kommt darauf an, daß
wir im Denken uns mitreißen lassen von dem kosmischen Drang,
der alles, was ist, durchpulst, – daß wir das im Sein alles Seienden
selber wirkende und ziehende Maß suchen und erfahren, das
PROTON KINOUN, das „erste Bewegende". Das Seinsproblem ist
in einem tiefen Sinne das Problem der Bewegung. Philosophieren
ist keineswegs nur die menschliche Bewegung eines Wissens-
fortschrittes in der Bemächtigung eines an sich ruhenden Systems
von Dingen, – es ist Einsprung in die Bewegung der Seinssteigerung selbst. Weil das Sein im Seienden als untergründige Bewegung haust, als der Wirbel des Erscheinens, als Aufgang und
Untergang der endlichen Dinge, ist die Philosophie wesenhaft
„Weg": ein Weg der Stufen und Widersprüche: – ein Weg wohin? Ist der Weg des menschlichen Begriffs ein Weg vom
Sinnlichen zum Intelligiblen, von der Natur zum Geist, von
der AISTHESIS zum Vernunftbegriff, von der Selbstentfremdung
zur Selbstgewinnung, von der Tierheit zur Gottähnlichkeit, vom
„relativen" zum „absoluten Wissen" – oder wie immer die
berühmten Formeln der abendländischen Metaphysik lauten
mögen? Der Weg des menschlichen Denkens führt ins Unaus-

denkliche, führt ins Labyrinth der Welt. Damit ist nicht eine bekannte Endstation angegeben, bei der die Weltweisheit zur Ruhe kommt. Vielmehr gilt davon Heraklits weisender Spruch: „man soll eingedenk sein desjenigen, der vergißt, wohin der Weg führt" (Diels, Frg. 71).

4

DENKEN UND SPRACHE.
THEISTISCHE UND PANTHEISTISCHE METAPHYSIK

Die Philosophie als die menschliche Frage nach dem Sein gründet ihrer Möglichkeit nach in der jähen Befremdung, die uns aus dem Bekanntesten und Vertrautesten anspringen kann: immer schon machen wir Gebrauch vom „Ist-Sagen", immer schon nennen wir die Dinge und Begebenheiten „seiende" Dinge und „wirkliche" Begebenheiten, wir gehen geläufig um mit den Unterschieden von Was-sein und Daß-sein und Wahrsein, wir sprechen vom „Möglichen", vom „Wirklichen" und „Notwendigen"; in vielfältigem Sinne verstehen wir den Ausdruck „seiend", und gleichwohl sind diese vielfältigen Weisen geeint und gesammelt in einem umgreifenden Seinsverstehen. Wir sind gleichsam eingespielt auf einen gedankenlosen, selbstverständlichen Gebrauch seinsbegrifflicher Grundvorstellungen, ohne daß wir uns über diesen Gebrauch Rechenschaft zu geben vermögen. Ja wir empfinden nicht einmal das Bedürfnis, darüber ins Klare zu kommen. Die Sprache, in der wir uns aufhalten, denkt gleichsam für uns; sie stellt die Distinktionen bereit, mit denen wir in den konkreten Lebenslagen hantieren; sie gibt den nötigen Begriffsapparat vor, den wir bei unseren alltäglichen Vereinbarungen und Zwistigkeiten brauchen. Dieses alltägliche, in der Sprache als Umgangssprache vorgegebene „Seinsverständnis" ist aber keineswegs nur „naiv", keineswegs nur einfach und einfältig. Eine lange Geschichte des Denkens ist in der Weise der Verblassung und Sinnverarmung in das Alltagsgespräch der Sprache zurückgegangen; wir operieren allzu selbstverständlich mit Unterschieden, die in höchsten Anstrengungen des antiken Denkens erkämpft worden sind. Die Geschichte der Philosophie ist in

einem hohem Maße eine Verfallsgeschichte. Gedanken von
strahlender Leuchtkraft verblassen im Lauf der Jahrhunderte,
versinken im grauen Nebel des Gängigen und Geläufigen; die
Gedanken laufen aus im Gedankenlosen. Die ruinante Macht der
Zeit zeigt sich nicht daran allein, daß Sterne erlöschen, Meere
austrocknen, Gebirge verwittern, die Siedlungen der Menschen
unter dem rieselnden Sand begraben werden, – nicht daran
allein, daß ursprüngliches Recht erstarrt, Sitte versteinert,
gesellschaftliche Institutionen zu drückenden Fesseln werden
oder zu leeren Konventionen veröden, – die zerstörerische
Macht der Zeit zeigt sich auch im Verfall der Gedanken und
Begriffe, in denen wir das Sein von Natur und Geschichte
verstehen. Gewiß ist das Alltagsgespräch der Sprache nicht ihr
eigentliches Wesen, – es ist nur die häufigste Erscheinungsgestalt
und ist ein Feld eines vagen, durchschnittlichen, ungenauen,
von verblaßten Begriffsschemen durchsetzten kommunikativen
Seinsverstehens. Aber es eröffnen sich uns zuweilen Möglichkeiten, unseren menschlichen Aufenthalt in der Sprache inniger
zu erfahren, heimischer zu werden in ihrem Sinn-Raum. Wenn
wir davon abstehen, sie als ein „Mittel", als ein Instrument
einer bloßen Verständigungstechnik zu mißdeuten ,gehen uns
vielleicht die Ohren auf für den sinntiefen Klang von Ur-Worten
und ursprünglichen Wendungen, – für die heimliche Weisheit
der Sprache. In der Sprache ist dem endlichen Menschen je schon
eine Offenbarung des Seins geschenkt. Aber zumeist bleibt diese
verstellt durch unseren instrumentalen Umgang mit der Sprache;
wir hören gewöhnlich nicht mehr die Musik der Welt. Nur in der
überhöhten Form der Dichtung kennen wir ein ursprungnahes
Sagen, den beschwörenden Gesang, der die Götter und Heroen,
alle wirkenden Kräfte und Mächte des Universums zur Parusie
bringt und den Menschen vor sein Geschick stellt. Aber die
seinserhellende Macht der Sprache schwingt auch im Unschein-
baren, im Schlichten und Einfachen: im Sprichwort des Volks,
im Gebet der Bäuerin, im Geflüster der Liebenden und im
harten, kriegerischen Befehl. Das Denken ist nun eine besondere
und ausgezeichnete Weise, innerhalb der Sprache eigens und
ausdrücklich in die Seinserhellung einzustehen. Das Denken ist
anders in der Sprache als das Dichten. In der Dichtung wächst
die ursprüngliche Sprache gleichsam organisch fort: die Dichtung

bewahrt die anfängliche Vieldeutigkeit und Bildkraft, den unausschöpflichen Reichtum der Symbole; und wenn sie neue Möglichkeiten des Sagens stiftet, so geschieht es in einem tiefen Einklang mit dem schon Gesagten der Sprache. Das Denken aber haust unruhig und gespannt im Raum der Sprache; es bewegt sich im unruhigen Element des Begriffs; es geht mit der Sprache, wenn es nach dem Ursinn von wesentlichen Worten fragt und ein verschüttetes Verstehen wieder ausgräbt aus dem Sand des „Selbstverständlichen", wenn es auf die geschichtlichen Prägungen zurückdenkt und den ehemals großen Sinn vernutzter Begriffe wieder heraufholt, – das Denken geht aber gegen die Sprache, wenn es auf eindeutige Begriffe dringt, wenn es Seinsbegriffe zu erarbeiten versucht, in denen nicht nur die stehende Welt der Phänomene, sondern auch die solchem Stand zugrundeliegende Seinsströmung gedacht werden kann. Das Verhältnis des Denkens zur Sprache ist vielfältig gespannt: Mitgang und Gegenstoß charakterisieren den Vollzug des Denkens in der kommunikativen Verstehensdimension der Sprache. Und wenn der Einzelne philosophiert in der Einsamkeit, wo er ist wie ein Einziger, so entwirft nicht er auf eine schlechthin solitäre Weise neue Seinsbegriffe, er erhebt sich höchstens ins Element einer objektiven Vernunft, er bleibt im möglichen zwischen-menschlichen Gespräch über das Sein, – in ihm und durch ihn rückt das menschliche Seinsverständnis über bisher eroberte Möglichkeiten hinaus. Dann steht der Denker für alle, er wird zum Sprecher der Mitmenschen.

Der Hinweis auf die Sprache als den Ort, worin sich die denkende Wandlung des seinsbegrifflichen Verstehens unent-rinnbar aufhält, ist vor allem deshalb von Wichtigkeit, weil die das Philosophieren erweckende jähe Befremdung oder das verwunderte Staunen über die Wunderlichkeit, daß überhaupt etwas ist, notwendig zur Seins-Frage und zum Rechenschaft gebenden ontologischen Gespräch werden muß. Die sprachliche Formulierung ist dem Denken nicht außerwesentlich, ist keines-wegs ein äußerliches Gewand, keine bloße „Einkleidung". Das Denken des Seienden als solchen, des ON HE ON, ereignet sich im Medium des LOGOS. Die ontologische Frage gewinnt aber Bestimmtheit der Richtung und kommt über den Schrecken der Befremdung oder Verwunderung hinaus in dem Geleit der

Seinsahnung, in der Begierde nach dem Seiendsten. Der Vorblick in eine mögliche Steigerung von „sein" führt die Frage und geleitet das menschliche Denken auf seinem „Weg". Was ist das für ein Weg? Wo beginnt und wo endet er? Von wo geht er aus und wobei kommt er an? Kann überhaupt im vorhinein Anfang und Ende, Ausgang und Ziel dieses gewagtesten Weges bestimmt werden? Darauf scheint eine Antwort nicht ganz unmöglich zu sein. Wir kennen offensichtlich doch die Ausgangslage: der Weg des Denkens beginnt beim Gegebenen. Wir befinden uns inmitten des Seienden, wir sind je selbst ein Seiendes. Wir sind umringt von Naturdingen, umgeben von Kulturgebilden, kennen Zahl und Figur. Wir sind je ein einzelnes Wirkliches und stehen in den großen Zusammenhängen, den Kausalverflechtungen, die alles Wirkliche verbinden, – wir kennen aber auch das Mögliche, das Phantastische, das Imaginäre, – und wir haben sogar den merkwürdigen Gedanken des Nichts. Wir sind, sind aber nicht schlicht wie Stein und Baum und Habicht, wir verhalten uns zum Sein unserer selbst und aller anderen Dinge, verhalten uns zum umfangenden Ganzen, das alles, was ist, umfängt; wir existieren im Seinsverstehen. Darin ist uns unterschieden die Weise des Leblosen, des Lebendigen, die Weise von Pflanze und Tier und Mensch, die Weise menschlicher Gerätschaften und menschlicher Institutionen. All dergleichen finden wir als das „Gegebene" vor. In vielerlei „Regionen" ist uns das gegebene Seiende aufgegliedert, es gilt uns als verschieden nach Gattung und Seinsweise. Wenn nun die Wißbegierde nach dem am meisten Seienden in uns erweckt wird, dann suchen wir zunächst im Gegebenen ein Seiendes höchsten Seinsranges ausfindig zu machen, das als Maß aufgestellt werden könnte für eine ontologische Rangordnung. Wir durchmustern die Weltgegenden, durchspähen die Tiefen der Erde und das Firmament, ob sich irgendwo etwas finden ließe, das „seiender" wäre als alle anderen seienden Dinge.

   Zwar lassen sich nicht allzu schwer „Rangordnungen" aufstellen – je nach bestimmten Vorgriffen des Menschen, von woher er die Mächtigkeit des „Seins" zu denken versucht. Hängt der Grad der jeweiligen Seinsstärke eines Dinges ab vom Ausmaß an „Ständigkeit", – ist das Verweilen in der Zeit das rechte Kriterium? Ist das, was länger weilt, länger sich im

Sein zu halten vermag, auch seinsstärker? Dann wäre der leblose
Naturstoff, die pure Materie das am meisten Seiende in der
ganzen Welt. Oder gar die mathematischen Sachverhalte, die
schlechthin ewig gelten? Oder ist nicht das wahre Maß, was in
der Zeit am längsten dauert, sondern was in sich selber „zeithaft"
ist? Am zeithaftesten unter den Dingen ist wohl der selber
„zeitigende" Mensch. Anders wiederum wird oft der Grad an
„Geistigkeit", an „Freiheit" als der Gradmesser der Seinsstärke
ausgegeben: dem fürsichseienden Wesen wird ein höherer Rang
zugesprochen als den nur ansichseienden Dingen. Oder man geht
aus vom Modell der menschlichen Techne. In der technischen
Verfertigung und Herstellung wird der produzierende Mensch
zum Seinsgrund bestimmter künstlicher Dinge. Diese verdanken
ihm ihr Bestehen, sind von ihm abkünftig, offenbar seinsmäßig
geringeren Ranges als ihr „Urheber". Die Ausweitung dieses
technischen Modells ins Universale zeichnet einen anderen Stil
der Rangordnung vor gemäß dem Vorrang des Urhebers vor
seinem Werk, des Produzenten vor seinem Produkt: es stellt
sich die Frage nach einem Urheber aller Dinge, nach einem
Demiurgen des Kosmos oder nach einem überweltlichen Schöpfer
der Welt – dieser gilt dann als das „summun ens" – und das Maß
der Gottähnlichkeit ist dann zugleich das Maß des Seins. Oder
man geht aus vom Modell des naturhaften Wachstums und
denkt eine natura naturans als den Quellgrund aller Dinge und
weist ihr das Höchstmaß an „Sein" zu, ihren Geschöpfen aber
nur ein geringeres und abgeleitetes Sein. Das alles sind typische,
in der Geschichte der abendländischen Philosophie immer wieder
versuchte Ansätze, mit dem Problem der Seinssteigerung fertig
zu werden durch einen illegitimen Machtspruch der menschlichen Vernunft. Man wählt unter den gegebenen Dingen eine
Art als angeblich höchstrangig aus, weil man dabei schon
geleitet ist von Vorgriffsvorstellungen, man bewegt sich dabei
unausdrücklich in den Horizonten der Zeit, der Geistigkeit und
Freiheit, und der Urheberschaft. Mit dem letzten Motiv allerdings übersteigt man das „Gegebene", aber springt in diesem
„Überstieg" ab von Modellvorstellungen, die man insgeheim
dem Gegebenen entlehnt. Sind das echte, ernsthafte Möglichkeiten des ontologischen Denkens – oder leere Träume der
Metaphysik? Kann der Mensch aus eigener Machtvollkommen-

heit proklamieren, was das „höchste Seiende" sei, – oder muß
er einem Zug des Seins selbst folgen? Geschieht das wahre
Denken als ein Nach-Denken eines Ganges, den das Sein in allem
Seienden geht? Auch dieses Motiv tritt in vielen Gestalten innerhalb der metaphysischen Tradition auf. Man behauptet einen
Weg, einen Stufengang, den das Seiende durchmißt, um zu
seinem höchsten Maß zu gelangen. Man setzt „hinter" der
Mannigfalt der gleichzeitigen Seinsregionen eine Bewegung an,
die von der Natur zum Geist, vom Unfreien zur Freiheit, vom
Unbewußten zum Selbstbewußten, vom Sinnlichen zum Intelligiblen führen soll. Das Endliche, sagt man, strebt in sich danach,
ins Un-Endliche überzugehen, die Materie drängt zum Geiste;
eine Sehnsucht treibt in allen seinsminderen Dingen, in das
seinsmächtigste Seiende „heimzukehren". Diese behauptete
Bewegung läßt sich unmittelbar im Gegebenen nicht aufzeigen
– aber man überschreitet bewußt das Feld der Gegebenheit mit
solchen „Interpretationen" einer metaphysischen Bewegung.
Und auf der Seite des Wissens finden wir dann analoge kühne
Konstruktionen. Etwa man geht aus von der Situation, in der
sich das menschliche Wissen vorfindet: es ist beschränkt und
begrenzt, ist eingeengt im Umfang und auch in der Dignität.
Wir wissen nicht alles und wissen nicht produktiv. Wir wissen nur
weniges von den Dingen und wissen sie nur als „Gegenstände".
Wir durchdringen sie nie völlig und restlos. Unser Wissen ist zunächst „endlich", ist charakterisiert durch die Subjekt-Objekt-
Spaltung, es bleibt dem gewußten Seienden äußerlich und bleibt
weiterhin zurückgebunden an die sinnliche Gegebenheit des
Gegenstandes. Aber das Wesen des Wissens wandelt sich, je
mehr wir hinter das Gegebene zurückdenken, es verliert steigend
seine Fremdheit zum gewußten Seienden und wird immer mehr
mit ihm eins und einig, bis es zuletzt alle Fremdheit des Gegenstandes aufgezehrt und getilgt hat – und der Geist sich als das
innere Wesen des vordem fremd scheinenden Seienden selbst
erkennt. Das endliche Wissen geht so in das „absolute Wissen"
über. Dieser kühne Gedanke Hegels ist nicht damit in seinem
philosophischen Anspruch getroffen, wenn man sagt, daß eine
solche Metamorphose des Menschen in den absoluten Geist
nirgendwo und nirgendwann aufweisbar sei, daß es eine phantastische Verirrung der spintisierenden, bodenlos gewordenen

Vernunft bedeute. Hegel hat nie die Behauptung aufgestellt, die Einswerdung von endlichem Geist und Absolutem sei jemals eine intersubjektiv feststellbare Tatsache. Eine Kritik, die den Boden des Gegebenen als einzige und ausschließliche Basis ansetzt, kommt gar nie in die Dimension des hegelschen Problems. Die Gedanken der Metaphysik lassen sich vor dem Gerichtshof des Positivismus nicht aburteilen. Aber etwas anderes ist eine ontologische Prüfung und Kritik. Wenn alle Dinge auf der Bahn der Seinssteigerung laufen, wenn alles Seinsmindere heimstrebt in das Seinsmächtigste und wenn korrelativ dazu alle Gestalten des endlichen Wissens sich in den reinen Aether des absoluten Geistes aufzulösen streben, – warum ist dieser Rückgang nicht bereits vollendet, – warum besteht noch immer der Anschein, daß es neben dem Geist eine Natur, außerhalb des absoluten Wissens noch immer die endlichen Wissensformen gibt? Aus diesem Dilemma sucht Hegel zu entkommen mit der Vorstellung von einem ewigen „Kreislauf". Der Tendenz der Heimkehr des Geistes in sich stellt er eine Gegentendenz gegenüber, eine Tendenz sur Selbstentfremdung, zur Verendlichung, zur Entzweiung. Der Weg des Seins ist bei ihm gegenläufig, eine Doppelspur des Aufstiegs und Niederstiegs, der Verinnerlichung und der „Äußerung". Zwischen den Polen des absoluten Beisichseins und des völligen Außersichseins schwingt die Geschichte des Seins. Indem das Absolute sich entäußert, bildet es zugleich damit das Feld für die Stationen der Heimkehr in sich selbst. Das Endliche ist – nach Hegel – eine Selbstverhüllung des Unendlichen, eine Maske, eine Vermummung, aus der es sich immer wieder herausarbeitet. Das besagt aber, daß Hegel die „Endlichkeit" sowohl der Dinge überhaupt, als auch im besonderen die Endlichkeit des Menschen nicht radikal in ihrem eigenen Schwergewicht faßt und gelten läßt. Seine berühmte Formel für das Absolute lautet, es ist das „Gegenteil seiner selbst". Das Absolute verendlicht sich selber in die vielen Erscheinungen bedingten, gebrechlichen und geringeren Seins, es ist die bewegte, in gegenwendigem Wechselspiel bewegte Einheit von Endlichem und Unendlichem. Indem Hegel so die äußersten Gegensätze zusammenspannt, entspringt ihm die dialektische Bewegung als das Umschlagen der Gegensätze ineinander: das Seinsproblem wird für ihn zum gleichzeitigen

Denken einer Seinssteigerung und eines Seinsgefälles in allem Seienden – und zwar „jenseits" des unmittelbar Gegebenen. Seine „Phänomenologie des Geistes" hat mit dem heute gebräuchlichen Namen „Phänomenologie" nichts zu tun. Hegel beschreibt keine Phänomene, die sich unmittelbar zeigen und darbieten, – er versucht vielmehr einen Weg des Denkens zu gehen, der in die gegenläufig auf- und absteigende Geschichte des Seins hineinführt. Er hebt die Trennung von Endlichem und Unendlichem auf.

Aber ist das eine echte, legitime Möglichkeit der Philosophie? Von woher kennen wir zunächst und zuerst diesen Unterschied des Endlichen und Unendlichen? In der Situation, in der wir uns selbst vorfinden als Menschen, umgeben von Seiendem mannigfachen Gepräges, – in dieser Lage, in der auch jedes philosophische Denken zunächst einmal anfängt, zeigen sich uns die Dinge als begrenzt, eingeengt von den Umrißlinien ihrer Gestalt, festgehalten in einem Aussehen. Wir sind je selber ein endliches Ding unter endlichen Dingen. Aber alle Dinge sind versammelt und vereint in dem einen, einzigen Universum. In ihm sind die Elemente, sind die Gestirne des Firmaments, ist der leblose Stoff und sind die Pflanzen, Tiere und Menschen, sind alle natürlich-gewachsenen und alle künstlich verfertigten Dinge, – in ihm ist Natur und Geschichte, alles Sichtbare und alles Unsichtbare, das Handgreifliche und das Geistige, in ihm die Lebenden und die Toten. Alles Endliche ist umfangen vom Weltall. Und es ist das ursprüngliche „Unendliche". Im Blick über weite Meere oder zum bestirnten Himmel über uns mag uns zuweilen die Weltstimmung ergreifen, die numinose Quelle aller Mythen, welche nun das waltende Ganze im Bilde eines „Seienden" zu fixieren suchen. Aus den versagenden Weltgleichnissen gehen nicht zuletzt jene Gedanken der Metaphysik hervor, welche das dunkle und problemschwere Verhältnis von Welt und Ding umdeuten in eine Rangordnung zwischen „ens infinitum" und „ens finitum". Den endlichen, phänomenal gegebenen Dingen wird ein nie gegebenes „Absolutes" gegenübergestellt, als der Urgrund und Urheber aller endlichen Wesen. Die beiden großen, typischen Denkmöglichkeiten der überlieferten Metaphysik sind nun: einmal wird die Trennung von Unendlichem und Endlichen in aller Härte festgehalten,

ein Abgrund aufgerissen zwischen dem „höchsten Seienden"
und seinen seinsminderen „Gebilden", das andere Mal die
Trennung aufgehoben in der These, das Absolute gehe in sich
selbst in das Endliche über und umgekehrt alles Endliche ins
Absolute, es entäußere sich und kehre aus der Selbstenfremdung
wieder in sein Wesen zurück. Es sind die zwei Möglichkeiten
einer theistischen und pantheistischen Metaphysik, die in
manchen Spielarten die europäische Denkgeschichte beherrschen.

Die offene Frage aber ist, ob der Bezug der endlichen Dinge
zum Unendlichen überhaupt bestimmt werden darf als ein wie
immer geartetes Verhältnis zwischen Dingen, zwischen Substanzen, – ob am Ende es ebenso falsch ist, auf einer fixen
Trennung zu beharren wie eine Identifikation der Gegensätze
zu behaupten. In beiden Ansätzen denkt man eine „hinter den
Phänomenen" sich vollziehende Seinsbewegung von Seiendem
auf Seiendes hin – statt eine Bewegung von allem endlich
Seienden im Spielraum der Welt. Dadurch wird der Bewegung ein fixes Ziel vorgesteckt: man schreibt ihr einen „terminus ad quem" zu, in dem sie ankommt. Die seinsminderen
Dinge drängen auf ein höchstes Seiendes hin. Mag es auf
diesem Wege viele Stufen, Aufenthalte und Stationen geben, so
wird doch eine Endstation gedacht, – der Weg liegt von Anfang
an schon fest; in seinem Ausgang ist schon auf das Ziel vor-
gegriffen. Der Weg hat ein ESCHATON, ein Äußerstes. So denkt
z.B. die Metaphysik einen Weg vom Sinnlichen zum Geistigen,
von der bewußtlosen Materie zur selbstbewußten und sich
selbstbestimmenden Freiheit, vom Ansichsein zum Fürsichsein
und dgl.; aber mit dem ersten Schritt dieses Weges ist auch
schon das Endziel bestimmt, vielmehr vom Endziel her bestimmen sich die Schritte der Annäherung, – das Endziel bestimmt
auch die Situation des Ausgangs. So ist für Hegel die Natur der
sich entäußerthabende Geist oder die Idee in ihrem Anderssein,
ist nur in der Erscheinung, nicht im Wesen vom Geist verschieden. Die Seinsgeschichte ist finit, auch wenn sie ein ewig
wiederholtes Kreisen sein soll. Diese Seinsgeschichte hat nie
einen anderen Inhalt als die Herausarbeitung des Geistes aus der
Natur und die erneute Selbstentfremdung. Und weil so der Weg,
den das Seiende geht, nach der Konstruktion der traditionellen
Metaphysik, mag sie ein theistisches oder pantheistisches

Gepräge haben, je schon fest-liegt, liegt auch der Weg des philosophierenden Denkens fest, liegt auch die Bewegung des Seinsverständnisses fest: hier glaubt man zu wissen, wohin der Weg führt. Die Philosophie gewinnt dabei einen providentiellen Charakter. Der Philosoph Hegel spricht immer schon aus der Sicht des „absoluten Wissens", auch wenn er die niedrigsten und geringsten Stufen des scheinbar endlichen Wissens beschreibt, wenn er die sinnliche Gewißheit kennzeichnet, wenn er das unmittelbare Meinen schildert. Er läßt sich nur scheinbar in die Naivität herab, begibt sich nur scheinbar in die natürliche Befangenheit, um – wie Hegel sagt – dem natürlichen Bewußtsein „eine Leiter zu reichen". Die Darstellung der Philosophie wird auf dieser Basis zu einer „propädeutischen" Angelegenheit. Allerdings meint Hegel, daß nicht er als zufälliges Individuum und aus professoralem Ingenium aus dem absoluten Wissen sprechen könne, daß vielmehr in jeder Form eines endlichen Wissens bereits ein verborgener, innerlicher Vorgriff auf das absolute Wissen wirke, ebenso wie in allen endlichen Gestalten der Dinge der Drang zum Absoluten hause. Solche Sinndeutungen metaphysischer Art sind in diesem grundsätzlichen Stil nur möglich, wenn das menschliche Denken eine Vorentscheidung fällt darüber, was ihm das Seinsstärkste sei, – wenn es die Seinsfrage voreilig verschließt mit einer „Antwort". Sicher ist der Gedanke einer möglichen Steigerung des Seins ein Urgedanke der Philosophie; mit diesem Gedanken gibt sich das Denken eine Richtung vor, um die Verlegenheit, daß wir nicht wissen, was das Seiende ist, produktiv werden zu lassen. Die Verwunderung geht in die Arbeit des Begriffs über: wir spähen aus nach einem Maß des Seins. Aber wir kommen zu früh an, wenn wir unter dem Gegebenen ein bestimmtes Seiendes herausgreifen und es als das „höchste" proklamieren (sei es die Materie oder den Geist), die anderen Dinge aber nur zu bloßen „Erscheinungen" dieses Höchsten herabsetzen; denn dann praktizieren wir den allgemeinen Unterschied von Wesen und Erscheinung illegitim: eine Art von Seiendem, die doch zunächst ebenso gegeben ist wie die anderen, wird als „wesenhaft", die anderen aber nur als „abgeleitet" und als „abkünftig" erklärt. Auf das Verhältnis der mannigfachen Seinsarten untereinander wird eine begriffliche Distinktion angewandt, die zur Natur jedes Seienden überhaupt gehört, nämlich die Unterscheidung von Substanz und Akzidenz – oder von Wesen und Erscheinung. Aber sind denn diese Begriffe endgültig geklärt und gesichert – oder gehört ihre Durchdenkung selber ins Thema der Philosophie? Was gibt uns das Recht, die Materie dem Geiste oder den Geist der Materie überzuordnen? Handelt es sich hier in der Tat um ein Rangverhältnis in der Gradualität des Seins? Ist die Materie „seiender" oder der Geist? Oder ist am Ende eine solche Frage sinnlos? Feldsteine sind anders als Zahlen, Bäume anders als Werkzeuge, Institutionen anders als Tiere. Aber können wir denn vom einen sagen, daß es in einem eigentlicheren Sinne „ist" als das andere? Wäre das nicht eine willkürliche Behauptung? All das Genannte kennen wir aus unserer Lebensumwelt. Es hat sich darin gezeigt, darin dargestellt, uns zur Gegebenheit gebracht. All dergleichen nennen wir „Phänomene". Im phänomenalen Bestande unserer Umwelt gibt es Dinge sehr verschiedener Art, es gibt Verwandtschaften und Gegensätze zwischen den Dingarten. Aber wie immer sie jeweils ihre eigene Seinsweise haben mögen, so sind sie, was den Grad des Seins betrifft, offenbar alle in gleicher Weise. Es geht nicht an, irgendwelche herauszuheben und mit einem höheren Seinsrang auszustatten. Dafür finden wir keinen Anhalt im Phänomen. Wir können zwar bestimmte Dinge mit Wertprädikaten ausstatten und anderen vorziehen, aber wir können im Seinsgehalt keinen größeren Reichtum entdecken als bei den anderen. Und auch das schärfste Auge kann im Felde des phänomenal Gegebenen nie Unterschiede eines Seinsranges feststellen. Alle Phänomene sind gleichen Ranges. Damit soll keineswegs geleugnet werden, daß es fundamentale Unterschiede zwischen den Phänomenen gibt je nach ihrem Was-sein, je nach der Weise ihres Daß-seins und auch im Modus ihres möglichen Wahrseins. Die Differenzen der Phänomene sollen nicht nivelliert werden. Aber alles, was im Einheitszusammenhang der Phänomene gegeben ist, hat keine Differenzen zueinander im Grade der Seinsstärke. M.a.W. der ontologische Komparativ kommt in der Dimension der uns erscheinenden Dinge gar nicht vor, – die Seinssteigerung ist selber gar kein „Phänomen". Und doch ist sie ein notwendiger Gedanke der menschlichen Vernunft. Mit diesem Gedanken überschreitet das Denken das Feld des Gegebenen und begibt sich auf einen Weg, um gerade das Feld des Erscheinens zu begreifen. Denn was das Erscheinen selber ist, wie Sein und Erscheinen zusammenhängen, das kann nicht mehr innerhalb des Erscheinens aufgezeigt und aufgewiesen werden. Indem nach dem Erscheinen als solchem gefragt wird, wird über die Sphäre der Erscheinung hinausgegangen. Die Phänomenalität der Phänomene ist kein phänomenales Problem. Zwar muß das menschliche Denken immer und zuerst ausgehen vom Gegebenen, vom phänomenal Sichzeigenden. Hier muß es sich zuerst bewähren in der getreuen, sorgsamen Erfassung dessen, was sich zeigt und wie es sich zeigt; es muß unter Mühen die Sachtreue lernen, die Sorgfalt der Beschreibung, es muß den Sinn bekommen für Nuancen, für Subtilität in der Erfassung und Formulierung der Gegebenheiten, muß die Sachen selber zum Sprechen bringen und alle voreiligen Deutungen zurückhalten. Diese Gesinnung sachgerechter Zuwendung und Hingabe an das Sichzeigende bildet das Pathos der modernen ,,Phänomenologie'' (die im Wesentlichen von Edmund Husserl begründet wurde). Aber eine solche ,,phänomenologische Forschungshaltung'' ist noch nicht Philosophie, noch nicht eine Frage nach dem Sein. Der Seinsrang der Phänomene kann gar nicht erfragt werden solange man sich auf dem Boden der Phänomene als einziger Basis bewegt; denn innerhalb des Phänomenalen gibt es keine Seinssteigerung. Es ist der spekulative Entwurf schlechthin, wenn nach einem Maß des Seins ausgespäht wird, das selber nicht im Bezirk der Phänomene vorkommt, – aber auch nicht bloß ein phantastischer und utopischer Gedanke ist. Es ist ebensosehr die Aufgabe der Philosophie, den *stehenden* Bereich der Phänomene sachgetreu zu durchforschen, als auch darüber hinauszufragen, in eine Seinsbewegung zurückzudenken, welche überhaupt erst die Phänomene zum ,,Stand'' bringt. Die Philosophie muß phänomengebundene Sachlichkeit vereinen mit spekulativer Kraft. Sie denkt in das mehr Seiende und das am meisten Seiende zurück, nicht wenn sie unter dem Gegebenen durch einen Willkürentschluß irgendein Ding herausgreift und verabsolutiert oder ,,hinter'' den endlichen Dingen eine mythische Potenz hypostasiert, sondern wenn sie den *Seinsbegriff*, von dem sie immer irgendwelchen Gebrauch macht, *ausdenkt*. Das Durchdenken und Weiterdenken des Seinsbegriffes ist der

Weg der spekulativen Philosophie. Und das ist nicht eine bloß subjektive Angelegenheit, nicht eine Begriffsklärung nur, die zum Sein selbst ohne Bezug wäre. Denn der Begriff ist gerade eine besonders ausgezeichnete Weise des Bezugs des Menschen zum Sein, sofern wir in der Sprache seine erste und ursprünglichste Offenbarung erfahren haben. Das Weiterdenken des Seinsbegriffs aber ist ein Weg ins Weglose und Unwegsame. Dieser Weg ist nicht vorhersehbar, hier gibt es keine Providenz. Wir können nie vorauswissen, wo wir ankommen werden, ja ob wir überhaupt jemals ankommen werden. Denn das „Seiendste" wissen wir nicht vorweg. Wir können unsere Endlichkeit nicht abwerfen wie ein schäbiges Gewand und in die Herrlichkeit eines „absoluten Wissens" eingehen. Der Mensch ist nie, auch nicht in seinen höchsten Möglichkeiten, ein vermummter Gott, der seiner Göttlichkeit einmal inne werden könnte. Die Träume einer absoluten Metaphysik sind ausgeträumt. Die Philosophie aber ist ein sehnendes Verhalten des am meisten endlichen, weil um seine Endlichkeit wissenden Wesens zu dem, was am meisten ist – und in der Fülle seines Seins sich vor uns verbirgt. Und so sind die Denkenden immer Wagende, die von den festen Küsten sich abstoßen: Argonauten der Vernunft.

5

ENDLICHKEIT DER SEINSAUSLEGUNG.
DIE „TRANSCENDENTALIEN"

Der Weg des menschlichen Denkens, wenngleich er immer schon dämmerhaft vorerhellt ist von der unserem Geiste einwohnenden „Seinsahnung" und durchspannt wird von der Leidenschaft der Wißbegierde, die mit erotischer Inbrunst nach dem Seiendsten verlangt, ist ein Weg ins Unwegsame. Der Weg der Philosophie verläuft nicht im Gängigen und Gangbaren. Er führt heraus aus dem alltäglichen Lebensfeld, worin uns alle Wege und Stege bekannt sind, – heraus aus den überschaubaren und abschätzbaren Möglichkeiten unseres gewohnten Verhaltens, – heraus aus der Geläufigkeit unseres gekonnten Umgangs mit dem Seienden, – und führt uns in das Labyrinth unabsehbarer Probleme immer tiefer hinein. Philosophie ist eine wesentliche Möglichkeit des endlichen Menschen und ist von seiner Endlichkeit gezeichnet. Aber gerade deshalb ist der Weg der Philosophie nicht auf sein „Ende" hin überschaubar und vorhersehbar, hat er keinen providentiellen Charakter. In einer merkwürdigen Vertauschung müssen wir hier den Ausdruck „endlich" gebrauchen. Wo immer und solange um die Endlichkeit des menschlichen Philosophierens gewußt wird, um Wagnis, Gefahr und Sehnsucht unseres Geistes, kann dem Weg des Denkens kein Ende, keine Ankunft in einem Endgültigen zugesprochen werden. Dagegen wird gerade in den Träumen der absoluten Metaphysik, wo das Denken des Menschen in den Geist Gottes, in das absolute Wissen sich zu verwandeln wähnt, die Endlichkeit also als durchbrechbar angesetzt wird, der Weg des Denkens als terminiert, als endend aufgefaßt. Formelhaft ausgedrückt: in der die menschliche Endlichkeit verleugnenden oder utopisch

überspringenden absoluten Geistmetaphysik kommt die Philosophie zu Ende, sie vollendet sich – und beendet sich. Wie z.B.
die Philosophie Hegels, wo als Weg des Denkens der Mitgang
im Gang des Seins vom Ansichsein zum Anundfürsichsein, vom
Sinnlichen zum Geist, vom Endlichen zum Unendlichen, vom
Relativen zum Absoluten vorgestellt wurde, sich als das „Ende"
der Philosophie verstehen mußte. Der einmal zu sich selbst
gebrachte „Weltgeist" hat nach dieser Realisierung seines
Selbstbewußtseins in Hegels Philosophie gleichsam keine Möglichkeiten der Selbstentdeckung mehr; das Wissen hat allen
wißbaren Stoff in sich hineingenommen, alles Sein ist in Gewußtsein verwandelt. Es bleibt einzig, von neuem mit der Selbstentfremdung und mit der Verendlichung des Absoluten zu beginnen,
– es bleibt die Monotonie der endlosen Wiederholung. Anders
ist es, wo die Philosophie ihrer Menschlichkeit eingedenk bleibt,
wo sie sich als ein hinfälliges, gefährdetes, fragendes und frag-
würdiges Wissen versteht – beirrt von dem Rätsel des Seins,
angezogen und geblendet vom Licht der Wahrheit, berückt und
geängstigt von der Unermeßlichkeit der Welt. Wo die Philosophie
sich aus der unablegbaren Endlichkeit des menschlichen Daseins
versteht, – wo sie sich als das wachste und schärfste Zeugnis
derselben bekundet, dort ist der Weg des Denkens endlos;
dort gibt es kein vorherwißbares Ende der Weltgeschichte, gibt
es keine Providenz vom geschichtlichen Wege des Seins.

Die Gegenüberstellung von zwei Arten des Philosophierens
hat hier nicht den Sinn einer „typologischen" Betrachtung von
„Denkformen", die damit zur Wahl gestellt werden. Es geht
nicht darum, für die eine oder andere Art zu optieren. Es geht
um erste, vorläufige Besinnungen über die Natur der „Seinsfrage",
die ein wirkliches Fragen dieser Frage vorbereiten sollen. Die
denkerischen Motive, welche in der absoluten Metaphysik zur
Aufhebung, Sprengung und Vernichtung der Endlichkeit der
humanen Existenz führen, müssen ernst genommen werden,
können nicht allzu billig als Hybrisgedanken menschlicher
„Gottgleichheit" abgelehnt werden. Ist jene angebliche „Über-
windung" der Endlichkeit in einer Philosophie des absoluten
Wissens nur deswegen vorstellbar gewesen, weil die Endlichkeit
des Menschenwesens nicht radikal genug erfaßt wurde? Aber wie
wird sie ursprünglich erfaßt? Wann haben wir die verläßliche

Gewißheit, sie gültig und endgültig ergriffen und begriffen zu
haben? Ist sie ein Befund, den man feststellen kann, – den man
durch Beobachtung und intersubjektive Kontrollen verifizieren
kann? Ist sie ein Datum, eine Gegebenheit – wie unser Leib, wie
unsere Vernunft? Sie bestimmt vielleicht unsere Leiblichkeit
und unsere Vernunft – aber ist nicht wie jene faßbar. Sie äußert
sich auf eine unheimliche Weise darin, daß sie sich der umittelbaren, direkten Faßbarkeit entzieht. Das endliche Denken des
Menschen wird seiner eigenen Endlichkeit nicht eindeutig und
völlig gewiß. Die Vergewisserung derselben erweist sich als ein
,,endloses Thema''. Es gelingt uns sozusagen nicht, sie in definitiv
fixierenden Begriffen einzufangen und ,,hinter'' uns zu bringen.
Sie kommt uns immer in allem, was wir tun und lassen, sinnen
und trachten, wollen und denken, zuvor. Aus ihr heraustreten
und sie zu einem gegenüberliegenden und vorliegenden Befund
machen wollen, gleicht dem Versuch, über den eigenen Schatten
zu springen. Die Endlichkeit bestimmt uns und durchstimmt
uns – wie der Sauerteig das Brot, wie das Salz den Ozean. Je
wesentlicher wir unser Dasein spüren, desto mehr schmecken
wir das Nichts in unserem Sein. Zumeist wird versucht, die
Endlichkeit des Menschen aus dem Abstand zu dem uns unge-
heuer übertreffenden Gotte zu kennzeichnen: seine Fülle und
Vollkommenheit gibt dann den geglaubten Maßstab ab, um die
Kargheit und Unvollkommenheit des menschlichen Seins
anzuzeigen. Was uns mangelt, hat er im Überfluß, – was uns
aussteht, ist in ihm versammelt. Unser Wissen ist Stückwerk,
der Gott weiß alles; seiner All-Wissenheit vermag sich nichts
zu entziehen, er weiß das Größte und Kleinste. Ihm ist das Sein
nicht zerstreut in die Zeit, er lebt nicht wie der Mensch auf der
Spitze des Moments, nicht in der schmalen Gegenwart zwischen
dem Nichtmehr der Vergangenheit und dem Nochnicht der
Zukunft, ihm ist das Sein ganz, unversehrt, heil in einem all-
umspannenden ewigen Jetzt, im ,,nunc stans'' zu eigen. Er ist
in allem und alles ist in ihm. Das Wissen des Gottes, sagt man, ist
streng genommen nicht ein Wissen von einem Fremden, das ihm
gegenüberstünde und an dem sein eigenes Sein begrenzt wäre;
er weiß alles, was ist, indem er sich selbst weiß. Die göttliche
Allwissenheit hat den Charakter des absoluten Selbstbewußtseins.
Das Wissen des Menschen dagegen ist heillos beschränkt und

eingeengt, ist immer nur teilhaft, immer Fragment, – ist durch
die Fremdheit des Gegenstandes in Spannung gehalten. Unser
,,Selbstbewußtsein'' kann sich nicht absolut setzen, kann nicht
den Bezug zu den fremden uns umgebenden ,,Gegenständen'',
zu dem Außer-uns-Seienden, von sich abstreifen; wir sind umringt
und umzingelt von Seiendem, das wir nicht sind; wir müssen
der Fremdheit der Dinge ins Gesicht sehen und wissen uns in
unserer Selbstheit gerade von den uns abweisenden fremden
Dingen auf uns zurückverwiesen. Wir erleben nur uns selber,
wir sind gleichsam in uns eingesperrt, auch wenn wir schauend
und vernehmend je schon draußen bei den anderen Dingen sind.
Das Sein des anderen, fremden Seienden können wir gewahren,
ihm begegnen, – aber wir können es nicht selber auch ,,sein''.

Wir sind abgeschnitten von der Möglichkeit, als Stein, als
Pflanze, als Tier, als Gerät und als Zahl zu sein. Uns ist einzig
das Menschsein aufgegeben – und das bestimmt sich durch den
Ausschluß aller Seinsweisen des nichtmenschlich Seienden. Daß
der Mensch je schon die Seinsverfassungen der ihn umzingelnden
fremden Dinge ,,versteht'' und solches Verstehen auf den Begriff zu bringen sucht, ist kein Argument gegen die ontische
Isoliertheit der humanen Existenz. Unser Seinsverstehen er-
streckt sich, wenn auch in einer problematischen Weise, auf
alles, was ist, – unser Seinkönnen nur auf uns selber. Dem Gotte
aber, glaubt man, steht keine Fremdheit gegenüber, die sein
Seinkönnen begrenzte; es gibt nichts im Himmel und auf Erden,
was sich in einer eigenständigen Fremdheit gegen Gott behaupten
könnte. Er gilt als die Realität in allem Realen, als das ,,ens
entium''. Die Dinge sind seine Gebilde oder seine Erscheinungen.
Außer ihm gibt es nichts – oder gibt es allein das Nichts. Und
auf das Nichts bezieht sich der Gott der biblischen Religion, wenn
er ,,aus dem Nichts die Welt erschafft'', in der ,,creatio ex nihilo''.
In diesem Begriff ,,Gott'', der ursprünglich dem Glauben angehört, aber eben doch als theistische oder pantheistische Metaphysik das Denken der Philosophie beeinflußt hat, sind Momente
des Universums einem ,,Seienden'' höchsten Ranges zugesprochen worden, sind Züge des Weltganzen im Modell der ,,Person''
hypostasiert worden. Der allheitliche Zeit-Raum des Seins, in
welchem alle endlichen Dinge aufgehen und untergehen, wird so
gleichsam durch das Gedankenbild eines höchsten Seienden, eines

ENDLICHKEIT DER SEINSAUSLEGUNG

„summum ens", und eine von ihm abhängende Architektur der Dingbereiche verdeckt. Das Weltgefüge gewinnt den Charakter einer Zuordnung der mannigfaltigen Dinge auf ein oberstes „Seiendes", gewinnt den Charakter einer Hierarchie. Solange ein solches theologisches Gepräge die Philosophie beherrscht, versucht notwendig der denkende Mensch, seine Endlichkeit aus dem Abstand zum Gotte zu deuten, – begreift er sich als „imago dei", welches Abbild aber durch einen ungeheuren „Abstand" vom Urbild bestimmt sei. Die Endlichkeit des menschlichen Daseins wird damit also als ein Verhältnis der Abständigkeit eines Seienden von einem anderen Seienden ausgelegt. Aber es ist die Frage, ob auf diese Weise die menschliche Endlichkeit ursprünglich und wurzelhaft genug gedacht wird. Wenn der Mensch sich endlich weiß gegen den unendlichen Gott, so ist bei aller Schärfe ihrer Unterschiedenheit dieser Unterschied doch unterlaufen dadurch, daß Mensch und Gott darin übereinkommen, ein *Seiendes* zu sein. Zwischen dem ens finitum und dem ens infinitum spielt die „analogia entis". Und weil Gott vermeint wird als ein solches Seiendes, dem letztlich nichts als ein Fremdes gegenüberstehen könnte, um ihn zu begrenzen, ist schon ein Übergang vom ens finitum zum Gotte mitgedacht, ist mitgedacht die Heimkehr aller Dinge in Gott, zuerst die Heimkehr des gottbezogenen Menschen in die Gottheit. Und wenn gar, der Glaubenslehre nach, der Gott seinen Sohn, mit dem er wesensgleich ist, in die Menschengestalt sendet, so schlägt er selber gewissermaßen die Brücke des Übergangs.

Härter und radikaler ist die Endlichkeit des Menschenwesens begriffen, wo sie nicht aus einem Abstand zu einem höchsten Seienden, sondern aus dem Spannungsbezug des binnenweltlich Seienden überhaupt zum umfangenden Weltall gedacht wird. Alle Dinge überhaupt sind „endlich". Endlichkeit ist kein Charakter, der einigen Seienden zukommt, anderen wieder nicht. Sie ist nicht ein Makel, mit dem fast alles, was ist, gezeichnet ist, – aber der das oberste und höchste, das mächtigste und wissendste Seiende ausläßt. Alles und jedes, was *ein Seiendes* ist, was abgegrenzt ist durch eine Gestalt, ein festes Aussehen, was geprägt ist durch ein Eidos, was Bestimmtheit, Umriß und Eigenart hat, was – aristotelisch gesprochen – ein Umrissenes, ein HORISMENON ist, ist „endlich", sei es das Land, das Meer, die Erdscholle, die Blume, die Kuh, der Mensch, das Haus, der griechische Gott. Alles Binnenweltliche ist endlich und alles Endliche ist binnenweltlich. Das Seiende ist im Zeitraum der Welt in die Bestimmtheit eines festen Aussehens eingerückt. Es kann ein Ding nicht wahllos und regellos in alles andere übergehen. Es kann nur es selbst sein. Gewiß gibt es unter und zwischen den Dingen mannigfache Bewegungen des „Übergehens" aus einem Zustand in einen anderen, mannigfache Wege der Wandlungen. Doch auch diese Bewegungen sind eingehalten in eine feste, umrissene Typik, sie erfolgt nach Regeln, nach Gesetzen. Die Endlichkeit aller Dinge besagt nicht bloß die Begrenztheit, das Eingeengtsein durch Grenzen, sondern mehr noch die Geprägtheit durch eine „Art" und die Vereinzelung. Jedes Ding in der Welt ist arthaft und ist einzeln. Der Mensch ist aber nicht bloß endlich – wie sonst alle binnenweltlichen Dinge, er weiß um seine Endlichkeit und verhält sich verstehend zu ihr. Und dieses Verstehen wiederum ist nicht ein völliges und vollkommenes Durchschauen der menschlichen Endlichkeit; es ist immer die Unruhe eines versuchten Einblicks. Wir verstehen eher noch die Endlichkeit der uns umgebenden Dinge als die Endlichkeit unserer selbst und unseres eigenen Verstehens. Wir sind offen für unser Endlichsein, weil wir offen sind für die Allheit des Weltalls. Der Mensch ist das innerweltliche Seiende, das eigens und ausdrücklich zum allumfangenden Ganzen sich verhält. Die Schärfe seiner Endlichkeit zeigt sich darin gerade, daß er als das am meisten endliche Geschöpf der Unendlichkeit des Universums aufgetan ist. Der Gedanke der Allheit, dieser ungeheuerlichste Gedanke, wohnt dem Menschen ein. Er ist nicht bloß „in" der Welt wie jedes Ding sonst, die „Welt" ist in gewisser Weise „im" Menschen. Der Weltgedanke verstört im Menschen die sorglose Ruhe, in welcher die Pflanzen und Tiere ihr kleines, beschränktes Leben dahindämmern. Wir sind durch diesen Gedanken herausgefordert, hinausgerissen in die weiteste Weite und fernste Ferne und zugleich davon wieder zurückgeworfen in die enge Spanne unserer irdischen Weile. Wo aus dem Weltbezug des menschlichen Daseins das Problem unserer Endlichkeit exponiert wird, kommt diese Frage überhaupt erst in den ihr gemäßen Gang. Es ist deswegen auch verfehlt, die Existenzanalyse der Endlichkeit aus dem Bezug zum Welt-

problem herauslösen zu wollen. Wie wir wahrhaft endlich sind,
läßt sich allein aus der Weise zureichend bestimmen, wie wir das
„All" denken, – wie wir im Sog des Universums stehen. Im Bezug zur Welt verhalten wir uns als ein Seiendes zu etwas, was
selbst kein „Seiendes" mehr ist, – ja was „seiender" ist als die
Dinge, seiender als Erdreich, Gewächs, Getier, Menschen und
Götter. Wir verhalten uns zum unendlichen Zeit-Raum des
Seins. Aber indem wir uns dazu verhalten, geschieht eine gewisse
Entbergung des Ganzen als Ganzen: wir gelangen in eine Wahrheit, die nicht eine Wahrheit von Dingen oder über Dinge ist,
vielmehr eine Wahrheit umfänglicherer Art. Und diese Welt-
wahrheit oder Seinswahrheit setzt sich nicht stückweise zusammen aus den mannigfachen Wahrheiten über die vielzähligen
und vielartigen binnenweltlichen, seienden Dinge. Die Welt-
oder Seinswahrheit eröffnet vorgängig allererst die Dimension
der möglichen Wahrheiten über die Dinge. Aber gerade deswegen
fällt diese *ursprünglichste Wahrheit* alsbald in die Vergessenheit.
Wir sehen sozusagen vor lauter Bäumen den Wald nicht mehr,
– vor lauter Dingen nicht mehr das Bedingende, vor lauter
„Seiendem" nicht mehr das Sein, vor lauter Binnenweltlichem
nicht mehr die Welt, vor lauter Einzelwahrheiten nicht mehr
die Wahrheit.

Die Philosophie ist der jederzeit endliche Versuch, das verlorene Wissen vom Ganzen wieder zu erinnern und nach Sein,
Wahrheit und Welt zu fragen. Dabei sind diese drei Titel
nicht Namen für drei verschiedene Themen, es sind drei Hinsichten auf das Selbe. Das Seinsproblem, Wahrheitsproblem und
Weltproblem hängen unlöslich zusammen.

Wie aber können diese Probleme zum Ansatz gebracht
werden, – wie lassen sie sich exponieren? Nun gibt es zwar in
der Philosophie nicht eine Patentmethode, nicht einen anerkannten und fraglos gültigen, lehr- und lernbaren Habitus der
Forschung, den man eben nur „anwenden" müßte. Die Philosophie muß, wenn sie ihrer Sache nachgeht, sich ihren „Weg"
allererst bahnen, sie muß auch viele Irrwege und Sackgassen in
Kauf nehmen – und darf den Spott derer nicht scheuen, die
sicher in eingefahrenen Geleisen sich bewegen und im Leben sich
auskennen, die ihren Geschäften nachgehen und der überlieferten
Sitte vertrauen, die nicht so windigen und nebelhaften Begriffen

nachdenken wie Sein, Wahrheit und Welt. Sokrates, den heute der Nimbus eines alten Ruhms umgibt, war zu seiner Zeit keineswegs ein unbestrittener Mann; ging er doch nicht, wie es rechtens gewesen wäre, seinem Bildhauerberuf ordentlich nach, er trieb sich in den Markt- und Turnhallen Athens herum, hielt die rechtschaffenen Leute auf mit seinen verquerten Fragen, die doch meistens in der Aporie endeten, und verführte die Jugend zur Skepsis und Dialektik. Er konnte das Philosophieren anfangen mit den simpelsten Dingen, – konnte ausgehen von den banausischen Handwerkkünsten und war unversehens mitten in den tiefsten Problemen. Er war gleichsam ein Midas der Philosophie, ein dämonischer Zauberer, dem alles unter der Hand zu Gold wurde. Sokrates zeugt von der menschlichen Möglichkeit, mitten in der stärksten Verfallenheit an den geschäftigen und betriebsamen Umgang mit den Dingen, sich zur Frage nach dem Sein, nach dem Wahrsein und Eigentlichsein der Dinge erheben zu können und auszublicken nach solchem, von woher den endlichen Dingen überhaupt erst ihre Art und ihre Einzelheit zukommt.

Das sokratische Verfahren kann nicht imitiert werden. Wohl aber kann eine echte philosophische Frage überall dort gestellt werden, wo eine Verwunderung oder ein Schrecken vor der Rätselhaftigkeit des Seienden uns bestürzt. Wir wollen hier eine dreifache, aber ins Selbe zielende Frage exponieren – in der Erörterung der Grundbegriffe „Sein", „Wahrheit", „Welt". Die Frage ist nicht neu. Im Gegenteil: sie ist alt. Sie bewegt die abendländische Philosophie seit ihrem Beginn. Wir müssen aber diese alte Frage neu fragen. Darin liegt nicht ein anmaßender Anspruch auf „Originalität", wohl aber die weit schwierigere Aufgabe, unsererseits in ein wirkliches Fragen zu kommen. Wir müssen uns herausdrehen aus der Haltung einer bloß historischen Bekanntschaft mit den genannten Fragen. Es gibt einen falschen Umgang mit „Problemen", wo man sie nur nennt und katalogisiert, ohne sie selber zu stellen, – und vielfach hält sich eine solche Attitüde sogar als sogenannte „Problemgeschichte" für besonders wertvoll. In Wahrheit ist gar nichts damit getan, wenn man „Fragen" und „Probleme" nur aufzählt, registriert, wie ein Ethnologe die magischen Rituale primitiver Völkerstämme beschreibt, ohne selber in ihnen zu leben. Doch ist es nicht ohne

Bedeutung, in ein näheres Verhältnis zur Geschichte der Fragen zu treten, die man selber auch wirklich fragen will. In diesem Sinne war auch schon unsere bisherige Abgrenzung gegen die theistische und pantheistische Metaphysik gemeint. Es war die Bemühung, die *Seins*-frage wegzuhalten von einer Ansetzung eines „höchsten *Seienden*", das gleichsam als Urmodell und Archetypus von Sein überhaupt dienen soll. Die Seinsfrage findet keine philosophisch zureichende „Antwort", wenn irgendein Phänomen, sei es der seelenlose Stoff oder der Geist, zum Maßstab echten, wirklichen Seins proklamiert wird. In einer solchen „dogmatischen" Metaphysik, wo ein innerweltliches Phänomen „verabsolutiert" und als das substanzielle Wesen aller Dinge überhaupt erklärt wird, *operiert* man mit unausgedachten ontologischen Begriffen, mit den Verhältnissen von „Substanz" und „Akzidenz", oder von „Wesen" und „Erscheinung". Es wäre weit mehr gewonnen, wenn diese operativ verwendeten Begriffe selber zu einem Gegenstand des Nachdenkens gemacht würden. Es ist zweifellos viel leichter, irgendeinen Inhaber für den Titel des „am meisten Seienden" zu reklamieren im Rückgriff auf die Vulgärvorstellungen von mächtigen oder gar allmächtigen Wesen, als diesen Begriff selber auszudenken und eine Bahn der Seinssteigerung zu finden, die nicht in den phänomenalen Rangordnungen gründet.

Wie kann nun die Seinsfrage in Gang gebracht werden? Zeichnet sich aus ihrer Geschichte eine ungefähre Struktur dieser Frage vor? Man könnte meinen, der Ausdruck „Frage" sei in diesem Zusammenhang eine Metapher, eine Umschreibung für eine Verlegenheit unseres Geistes. Genau genommen fragen wir ja nicht das Sein und nicht das Seiende; wir fragen uns selbst und die Mitmenschen, wie es mit dem Sein steht; die Seinsfrage hat ihren Ort im immerwährenden Gespräch des Menschen. Das, wovon er spricht, worüber er sich verständigt mit dem Mitmenschen, was er nennt und aussagt, sind die Dinge und ihre Gesamtheit. Alles Reden ist Reden über Seiendes und gebraucht dabei ständig mannigfaltige Begriffe von Sein. Das Sein ist das im Reden über die Dinge jeweils Mitgemeinte und Mitgesagte. Das Mitmeinen und Mitsagen hält sich zumeist sozusagen „im Rücken" des menschlichen Sprechers: er spricht die Dinge an und spricht sie an in der vagen und unbestimmten

Helligkeit eines ungefähren Verstehens von Sein. Solches Verstehen ist je schon in eine Mannigfalt von Begriffen aufgegliedert, mit denen wir umgehen, die wir gebrauchen – aber eben in der Regel nicht ausdrücklich bedenken und weiterdenken. Wir halten uns je schon auf in einem als Umgangssprache vorgegebenen „Seinsverständnis" – aber vertiefen und radikalisieren dieses Verstehen nicht. Wir nennen die Dinge das „Seiende". Wir sagen, es gibt vielzähliges und vielfältiges Seiendes. „Das Seiende" meint gewöhnlich keinen Singular, sondern einen riesigen Plural. Kein Sterblicher kennt die Anzahl aller Dinge. Aber jedes Ding ist doch zunächst es selbst, d.h. ist *eines* und steht als dieses „eine" gegen die unermeßliche Zahl der anderen Dinge. Es ist eines unter vielen. Es ist ein einzelnes, ein vereinzeltes. Zu jedem Seienden gehört offenbar die Struktur der Vereinzelung. Aber indem gerade jedes Ding zuerst es selbst ist, in seiner Einsheit und Einzelnheit besteht, ist es doch nicht allein, es ist bei anderen Dingen, ist von ihnen begrenzt, ist ihnen benachbart, – und das ist keineswegs ein zufälliger Tatbestand. Es ist undenkbar, daß ein endliches Ding prinzipiell einzig wäre. Die Vielzahl und Vielfalt der Dinge ist kein bloß empirischer Befund, – es ist ein Wesensverhalt. Jedes einshafte Ding ist einshaft inmitten einer Vielheit. Das Einssein des Dinges ist je schon auf die Vielzähligkeit bezogen. Aber diese Vielzahl ist ihrerseits nicht das Letzte. Das Einzelding kommt unter der Vielheit der Einzeldinge keineswegs nur vor – wie das Sandkorn in der Wüste. Die Vielheit ist nicht nur eine „unbestimmte Menge". Wir können zwar niemals alle Dinge durchzählen oder sie als prinzipiell durchzählbar ansetzen (etwa für ein „höheres Wesen"); die Allheit aller Dinge ist keine Zahl. Die Allheit hat den eigentümlichen Charakter der Versammlung. Das Versammelnde ist die Welt. Und damit denken wir eine Einheit ganz anderen Sinnes als es je die numerische Einheit von Einzeldingen oder die Einheit einer bestimmten Ding-Menge ist. Die Einheit der Welt ist einzig. Das endliche Ding ist also jeweils eines unter vielen – und die Vielheit der Dinge ist wieder überholt von der versammelnden Einzigkeit der Welt. Es sind also ganz andersartige Gegenbezüge von Einsheit und Vielheit, welche die Verhältnisse der Dinge untereinander beherrschen, als im Verhältnis von Welt und Ding. Das eine Mal wird die Einheit als numerisches Element einer möglichen Vielheit gedacht, das andere Mal ist das Viele eine innere Artikulation einer umgreifenden Einheit. Nun könnte man dagegen sagen, dieser Unterschied relativiere sich mannigfach. Denn es gäbe ja auch „Allheiten" im Sinne einer Klasse oder einer „Region" von gleichartigen Dingen. Alle Art- und Gattungsbegriffe bezeichneten solche relativen Allheiten. Und andererseits sei ja auch schon jedes Einzelding als solches eine Vielheit von Eigenschaften, die sich von ihm prädizieren ließen. Das Ding müßte bereits angesprochen werden als eine Versammlung, als ein Eins, das in sich eine Mannigfalt des Vielen enthalte. Aber da wäre eben zu prüfen, ob der Ganzheitsbegriff, den wir mit Recht von einem endlichen Einzelding aussagen, in bezug auf seine Merkmale, seine Prädikate, seine Bestimmungen, oder der Allheitsbegriff, den wir von einer Gattung und Art aussagen (etwa „alle Hunde und Katzen"), legitim angewandt werden kann auf die Welt-Allheit, – ob diese also interpretiert werden kann am Modell des „Umfangens", wie ein Ding seine Teile und Prädikate oder eine Klasse ihre Elemente umfängt. Man wird bei einigem Nachdenken wohl mißtrauisch werden gegen den üblichen, nivellierten Gebrauch des Allheitsbegriffs – und gerade in der ausdrücklichen ontologischen Prüfung der Verhältnisse von *„Eins und Vielem"* ein echtes Problem anerkennen.

Wir nennen die Vielzahl der endlichen Dinge „das Seiende". Wogegen verstehen wir sie aber in solchem Nennen? Zweifellos bewegen wir uns dabei in einem horizonthaften Verstehen von Sein überhaupt, wir sprechen sie an als solches, dem Sein zukommt. Aber wie kommt ihnen denn „Sein" zu? Etwa wie die Schwere dem Stein, wie der Trieb dem Tier, wie die Vernunft dem Menschen zukommt? Das Zukommen von Bestimmungen für ein Ding setzt schon voraus, daß das Ding „ist". Das Sein des Dinges aber ist kein Prädikat, sondern eine Voraussetzung für jegliches Haften von Prädikaten an einer Substanz. Wie dem Ding, das wir gedankenlos das „Seiende" nennen, das Sein zukommt, entzieht sich einer schnellen, bündigen Antwort. Aber wir verstehen das Ding nicht nur vom Sein her, wenn wir es als das Seiende bezeichnen, wir verstehen es auch gegen den Horizont des Nichts. Es ist „seiend", sofern es nicht nichts ist. Das bedeutet keine künstliche Komplikation, keine verstiegene

Ausdrucksweise. In allem verstehenden Umgang mit den Dingen gehen wir noch gedankenloser um mit dem Nichts. Das Ding wird als seiend verstanden, sofern wir es implizit gegen das Nichts absetzen. Das Nichts durchstimmt das menschliche Seinsverständnis durchgängig. Es äußert sich, wenn man diesen paradoxen Begriff einmal gebrauchen will, in mannigfaltigen „Formen": als Grenze, als Unständigkeit, als das Negative, als das Anderssein usf.. Durch eine Nichtigkeit bestimmt ist, was überhaupt „begrenzt", also eingeschränkt ist, was von anderem unterschieden ist und das Andere nicht sein kann. So betrachtet ist jedes Einzelding zugleich seiend und nichtig. Sein und Nichts sind im Ding ein Bündnis eingegangen. Diese äußersten Gegensätze, welche der Mensch denken kann, verklammern sich auf eine unheimliche Art im Bau des Dinges. Und auch der Gegensatz von Eins und Vielem verbindet sich mit dem von Sein und Nichts im Grundriß des Einzeldinges. Das „Nichtige" am Ding steht in der Nähe des Vielen, das „Seiende" am Ding in der Nähe des Einen. Zum Beispiel: wir vermeinen ein Ding als ein solches, das ein Wesen, gleichsam einen inneren Gehalt, und ein „Aussehen" hat. Das Aussehen kann uns täuschen, das Ding kann uns eine Außenseite zukehren, die gar nicht mit seiner Natur übereinstimmt, oder höchstens eine vorübergehende Ansicht bietet. Das Ding hat sich dann in einen „Anschein" versteckt. Der nichtige Anschein kann vielfältig sein, sein inneres Wesen ist aber eines. Gerade wenn wir „Sein und Schein" beim Ding unterscheiden, bewegen wir uns bereits in den Horizonten von Sein und Nichts und von Eins und Vielem. In anderer Weise hat dies wiederum statt, wo wir am Ding ein Bleibendes und ein Wechselndes unterscheiden, wo wir es auf ein Werden, ein Geschehen beziehen. Hier gilt das Bleibende als das Eine und Seiende, das Wandelbare und Wechselnde als das Viele und Nichtige. Und wieder in anderer Weise, wo wir ein Ding ausdrücklich auf uns, die Gewahrenden, beziehen. Wie es „an sich" ist, ist das Eine und Seiende an ihm; wie es für den einen so, für den andern anders ist, ist wieder an ihm das Vielfältige und Nichtige. Die Vermischung der beiden Gegensätze (Sein-Nichts und Eins-Vieles) erzeugt die drei Problemdimensionen von „Sein und Schein", „Sein und Werden" und von „Sein und Vorstellen". In dieser anzeigenden Kürze mag die Problematik nicht voll verständlich geworden sein. Aber es sollte zunächst nur ein geschichtlicher Bezug angerührt werden. Wenn wir das Ding das „Seiende" nennen, griechisch TO ON, so haben wir damit einen ganz merkwürdigen Begriff. Es ist kein Allgemeinbegriff im Sinne eines Art- und Gattungsbegriffs, er liegt über jede sachhaltige Allgemeinheit hinaus und bestimmt ebenso die allgemeinen Gattungen als auch die Exemplare aller Gattungen. Aristoteles wendet eine große Arbeit des Denkens daran, um die Natur dieses alle sachhaltigen Allgemeinheiten übersteigenden, „transcendierenden" Begriffs zu klären. Später wird dann das ON, das ens als transcendentaler Begriff bezeichnet. Wird das Seiende bestimmt gegen den Schein, so ist es das Gute, das AGATHON, – wird es bestimmt gegen das Werden, ist es das Eine (Ständige), das HEN, – wird es bestimmt im Bezug auf das Vorstellen, ist es das Wahre, das ALETHES. ON, AGATHON, HEN, ALETHES oder lateinisch ens, bonum, unum, verum sind die Namen der sogenannten „Transcendentalien", in deren Problemraum sich die abendländische Seinsfrage bewegt. Wir wollen versuchen, in ihre Dimensionen einzudringen in einem neuen Fragen der alten Probleme, indem wir dem Zusammenhang nachdenken von *Sein und Erscheinen*.

6

DIE TRANSCENDENTALIEN UND DAS SEIN

Um zu den zentralen Grundbegriffen der Philosophie hin-
zuführen, haben wir in einem ersten Anlauf über die Philosophie gesprochen, gleichsam von außen und in der Distanz des
natürlichen Bewußtseins, dem sie zunächst als eine fremde und
entlegene Sache erscheint. Die Philosophie erscheint als das
wunderliche Geschäft von Außenseitern, von Randexistenzen
des Gesellschaftskörpers, von Leuten, die denken statt zu
handeln, die im Reiche gespenstischer Abstraktionen, im
,,Wolkenkuckucksheim'' bloßer Begriffe, aber nicht auf der
Erde zu Hause sind. Zwar besteht eine ehrwürdige Tradition,
die Philosophie zu den höchsten ,,Kulturgütern'' zu rechnen, –
man lehrt sie auf den Hohen Schulen, sie gilt als Zierat der
,,Bildung'', und doch nimmt man sie gemeinhin nicht mehr so
recht ernst; denn man rechnet sie bereits der untergegangenen
,,humanistischen Kultur'' zu, deren Stifter die Griechen waren,
– während unsere moderne Lebenswirklichkeit des industriellen
Zeitalters in der Technik besteht, in den Großstädten, in den
Fabriken und Banken, in der maschinellen Friedens- und Kriegs-
rüstung, in der ideologischen Propaganda im Kampf um die
Weltherrschaft. Ein tiefgreifender Wandel hat offensichtlich das
menschliche Dasein verändert. Waren die Menschen früherer
Jahrhunderte bereit, um theologischer Spitzfindigkeiten willen
sich die Köpfe einzuschlagen und für philosophische Doktrinen
ins Feld zu ziehen, so bewegt heute vor allem die Interpretation
des materiellen Produktionsprozesses und der Arbeitsgestaltung
die Geister. Ein neues Wirklichkeitsbewußtsein bildet sich aus.
Aber gerade darin geschieht Philosophie, wenn auch in

einer gleichsam verkappten und vermummten Form. Es entspringen neue Erfahrungen, von dem, was ist, es bildet sich
eine neue Grundstellung des Menschen zur Welt aus, und neue
Möglichkeiten der Wahrheit gehen auf. Daß dieser Wandel
vielfach begleitet ist von einem desillusionierten „Wirklich-
keitssinn", von einer Verachtung der Mythen und der metaphysischen, „hinterweltlerischen" Philosophie der Überlieferung,
verhüllt den philosophischen Grundzug dieser Wandlung. Man
glaubt, der Philosophie entronnen zu sein, weil einem eine
bestimmte Gestalt der Philosophie wesenlos geworden ist. Wenn
eine Epoche zu Ende geht, bleiben nicht nur die ausgebrannten
Ruinen der vom Geiste verlassenen Lebensgestalten übrig, es
bleiben und verharren in tieferem Grunde die Lebensmotive,
welche den Wandel erzwungen haben, in einer oft unkenntlichen
Maske. Die moderne Technik ist eine bestimmte Philosophie,
ist eine versuchte Antwort auf die unerschöpfliche Frage nach
dem rätselhaften „Sein". Wir sind, und alle Dinge um uns herum
und in der ganzen weiten Welt bis hinaus zu den fernsten Stern-
nebeln sind, alles ist angefüllt von dem dichten Gewimmel des
Seienden; das Sein durchmachtet alle seienden Dinge und ist
doch selbst kein „Seiendes"; es umfängt uns – und doch können
wir es nicht fassen. Es ist überall und nirgends. Es durchzieht
die Dinge und ist doch kein fixierbares Moment an den Dingen.
Und die Dinge sind wiederum nicht so, daß sie ständig und ewig
im Sein blieben, sie entstehen und vergehen, kommen ins Sein
und gehen aus dem Sein. Alle endlichen Dinge sind auch vom
Nichts durchstimmt und gezeichnet. Wir kennen aber nicht
allein den großen Wandel des Entstehens und Vergehens, wie
das Große Wachstum, die Natur, die PHYSIS, die begrenzten
Einzeldinge gebiert und verschlingt, wir kennen die seltsame
Fähigkeit des Menschen, in seiner Produktionskraft Dinge aus
dem Nichts zu heben, die es in der „Natur" nicht gibt, Ursprung,
ARCHE zu sein für Seiendes technischer Artung. Und sofern die
geheimnisvolle Kraft und Herrlichkeit des Menschenwesens in
unserem Zeitalter eine ungeheure Entfaltung gewinnt, wird
auch das Rätsel des Seins für uns in einem bedeutsamen
Sinne durch die Technik gestellt. Gesetzt den Fall, die Philosophie metaphysischer Prägung ginge zu Ende, so würde das doch
keineswegs das Ende der Seinsfrage bedeuten. Die Jagd nach

dem Sein, einstmals Platons große Formel, gehört nicht einer
Epoche der menschlichen Geschichte nur an. Seit der Mensch
spricht, steht er vor dem bestürzenden Wunder, daß Seiendes
ist, und ist er auch je schon in den Machtbereich der Philosophie
versetzt. Die Philosophie gehört als Möglichkeit zum Menschen,
solange er Sein versteht: sie ist das ausdrückliche und begrifflich
ausgearbeitete Seinsverständnis. Weil aber das menschliche
Seinsverständnis immer ein wesenhaft endliches bleibt, nie ein
,,absolutes" wird, ist die Ausarbeitung desselben im Begriff keine
Ankunft bei endgültig gesicherten ,,Resultaten", in welchen die
Frage zu Ende käme. Je radikaler die Frage, je strenger die
Begriffsbildung, desto mehr wächst gerade das Problem des
Seins. Der Fortschritt der Philosophie vertieft das Rätsel, er
beseitigt es nicht.

Die Situation des Menschen wird aber nicht ausschließlich
bestimmt durch ein gebrochenes, problematisches Verstehen von
Sein. Wir sind vielmehr das paradoxe Wesen, das in einer Ur-
Vertrautheit mit allem, was ist, lebt, in einer sympathetischen
Harmonie eingelassen ist in den Naturgrund, in der mütter-
lichen bergenden Nacht wurzelt – und zugleich allem anderen
Seienden fremd und abständig gegenübersteht. Wir sind ge-
borgen und ausgesetzt in einem. Und diese paradoxe Zwei-
deutigkeit unserer Existenz bestimmt auch unser Seinsverstehen.
Sein ist das uns innig Vertraute und zugleich uns maßlos
Befremdende. Wir leben in der dämmerhaften Ahnung des
Seins: es ist uns nie unbekannt und ist uns nie völlig einsichtig.
Es ist uns nah und fern zugleich. Wir kennen es soweit, um es
in der höchsten Leidenschaft des Geistes suchen zu können.
Die Sehnsucht, das ,,desiderium" ist die Grundstimmung der
endlichen Menschenvernunft. Und darin liegt je schon der
denkende Vorgriff auf eine Steigerung von Sein. Im Abstoß von
den hinfälligen und gebrechlichen Dingen, die uns umgeben und
sich im Sein nicht zu halten vermögen, die hinschwinden und
verfallen, von Nichtigkeit in vielen Arten und Weisen zerfressen
werden, spähen wir aus nach festerem, verläßlicherem, blei-
benderem ,,Sein", suchen wir das am meisten Wissen vom am
meisten Seienden. Unser Denken entwirft sich auf den ontologischen Komparativ und hält Ausschau nach dem wahren
Richtmaß, von woher der Seinsrang aller Dinge bestimmbar

wäre. Es ist eine verhängnisvolle Tendenz in der Geschichte der Philosophie, die Frage nach dem rätselhaften und dem Zugriff sich entziehenden „Sein" dadurch in eine Bestimmtheit bringen und zu einer stabilen Beantwortung führen zu wollen, daß ein *Seiendes* zum prototypischen Modell erklärt wird, an welchem zu sehen sei, was „sein" im vollsten und höchsten Sinne bedeuten könne. Dogmatisch wird ein höchstrangiges Seiendes behauptet, das als angebliches „summum ens" das Maß darstelle: aus dem Abstand zu ihm ergebe sich die Architektur des Systems aller Dinge. Ein solches höchstrangiges Seiendes hat man teils innerhalb der gegebenen Phänomene zu finden geglaubt, etwa als „Materie" oder als „Geist", teils hat man es jenseits der phänomenal sich bezeugenden Wirklichkeit verlegt – in eine imaginäre „Hinterwelt". Das Seinsproblem hatte seine quälende Dunkelheit verloren, wenn man für das so nebelhafte und unbestimmbare Sein nun einen massiven Inhaber gefunden hatte. Und dieser sagenhafte Inhaber des Seins wurde, um seine Überhöhtheit über alle endlichen Dinge zu bezeichnen, als das „Unendliche" oder das „Absolute" angesprochen. Diese Verlagerung der Frage nach dem Sein auf die Ansetzung eines höchsten Seienden bildet einen entscheidenden Grundzug der abendländischen Metaphysik ebensosehr in ihren theistischen wie pantheistischen Gestalten. Die Metaphysik ist von Hause aus EPISTEME THEOLOGIKE.

Von dieser Tradition wollen wir uns im Versuch, das Seinsproblem zu exponieren, soweit nur irgend möglich freihalten. Doch ist das nicht mit dem bloßen Entschluß getan. Die Überlieferung erweist ihre Macht in jedem Begriffe, den wir aufnehmen. Sie steckt in jedem Wort, das wir gebrauchen; alle unsere Seinsvorstellungen, das ganze Arsenal ontologischer Termini ist zunächst „Erbschaft". Hier eine ursprüngliche „Frage" ausbilden zu wollen, ist ein mühsames und von Vergeblichkeit bedrohtes Unterfangen. Wie und wo soll man anfangen? Das Sein ist je schon mannigfaltig verstanden und ausgelegt – und es ist uns gleichwohl fragwürdig und unbegreiflich. Im alltäglichsten Umgang mit den Dingen „gebrauchen" wir ein bereits hochdifferenziertes Seinsverständnis. Was verstehen wir gewöhnlich schon mit dem Worte „Sein"? Einmal etwa das *Ding-Sein;* sein besagt, so meinen wir, soviel wie „etwas-sein",

ein Seiendes-sein. Nicht ereignet sich das „Ist" sozusagen unbestimmt, sondern ereignet sich als das Ist eines Seienden. Ein Seiendes ist, beziehungsweise viele Seiende sind. Und jedes einzelne Seiende ist. Das mag banal und selbstverständlich klingen. Aber gerade diese banale Selbstverständlichkeit ist ein abgründiges Rätsel. Warum ereignet sich „Sein" so, daß es als Sein von Seiendem sich darstellt? Muß es immer und notwendig Einzelnes und Selbständiges geben, dem das Sein zukommt? Ist es nicht verwunderlich, wieso Bäume, Häuser, Menschen, Tiere sind, wieso das Sein sich an Träger heftet? Jedenfalls ist es uns allen geläufig, das Dingsein als eine wesentliche Grundmöglichkeit von „sein" anzusehen. Dinge stehen zunächst in sich selbst. Die Selbstheit ist ein fundamentaler Grundzug des Dinges als solchen. Ding nennen wir jedes selbständig-Seiende. Mit dem Fremdwort bezeichnen wir das Ding als „Substanz". Substanzsein ist offensichtlich eine ausgezeichnete Möglichkeit des Seins. Es sind zwei völlig verschiedene Fragen, wenn man fragt wie die Dingheit als solche, wie die Substanzialität der Substanz gebaut ist, – und wenn man fragt, warum und wieso das Sein sich als Substanzsein ausprägt. In der ersten Frage wird abgezielt auf die Strukturverfassung des selbständig Seienden, in der zweiten wird *vom Sein her auf das Seiende hin* gedacht. Die zweite Denkart ist uns zunächst völlig ungewohnt und befremdlich. Mit dem Seienden sind wir bekannt: von ihm sagen wir gewöhnlich in mannigfaltigen Weisen das Sein aus. Das Leitmodell des Seienden ist uns die Substanz, d.h. das endliche, begrenzte, vereinzelte Ding. Mitunter gebrauchen wir aber auch den Substanzbegriff in einem anderen Sinne. Etwa wir achten darauf, daß die getrennten Einzeldinge gleichsam in einem umfangenden Medium zusammenhängen. Der Stein liegt in der Geröllhalde. Er ist ein abgesprengtes Stück des Berges. Der Verwitterungsschutt gehört zum Berge. Der Berg ist ein großes Ding, zu dem viele kleine Dinge mitgehören. Aber der Berg, der eine festumrissene Eigengestalt hat, ist nur eine Erhebung der Erdoberfläche. Streng genommen ist er überhaupt kein Selbständiges. Alles, was wir wegen eines anscheinend umgrenzten Aussehens mit einem Namen als „selbständig" fixieren auf dem Erdboden, ist doch nur ein Teilmoment der Erde. Sie als elementarische Macht des festen Stoffes behält alles dinghaft Einzelne in sich ein. So sind die „Elemente" wie Erde, Luft, Wasser und Feuer, – das, was die Griechen die HAPLA SOMATA, die „einfachen Körper" nannten, – in einem anderen Sinn „Substanzen". Und schließlich kann man ja noch hinter die Verschiedenheit der Elemente zurückdenken, sie als wechselnde Erscheinungsformen der Materie ansehen – und dann diese Materie als Substanz ansprechen. Substanz überhaupt, sei sie als Einzelding, als „Element", als universeller Stoff aufgefaßt, hat Eigenschaften, hat Bestimmungen, die ihr zukommen. „Eigenschaften" können die wesentlichen und die zufälligen Bestimmungen eines selbständig Seienden sein. Den Inbegriff der wesentlichen Eigenschaften nennt man das „Was-sein", die „essentia". Jede Substanz ist durch ein Was-sein bestimmt, aber darüber hinaus auch mitbestimmt durch zufällige Momente. Und die Zugehörigkeit des Zufälligen zu einem Seienden ist selber eine Wesensnotwendigkeit. Mit anderen Worten: es gibt keine Substanzen, die *nur* wesentliche Eigenschaften haben. Jedes Ding ist in konkreten Umständen, eingebettet in Lagen, die uns wie zufällig erscheinen. Vom Wassein unterscheidet man das Daß-sein, von der essentia die existentia. Sein meint dann das „Wirklichsein". Aber solches Wirklichsein wird primär verstanden als das Wirklichsein von Dingen, von Substanzen. Sein im Sinne von Wirklichsein gilt uns nicht als eine Seinsweise, die grundsätzlich bei allen Dingen dieselbe ist. Zwar sprechen wir vom „factum brutum" des Daß-seins, aber Menschen sind in anderer Weise wirklich als Steine oder Bäume oder künstlich verfertigte Dinge. Es gibt Modalitäten des Wirklichseins je nach dem Wesen eines Seienden – und zugleich sind alle wirklichen Dinge zusammen und versammelt in der e i n e n „Wirklichkeit". Was ist diese an ihr selbst? Stückt sie sich sozusagen zusammen aus den mannigfachen, in je verschiedener Weise „wirklichen" Dingen – oder ist sie ein übergreifender Charakter der Dimension, in der wirkliche Dinge vorkommen? Offensichtlich ist es etwas anderes, ob die Auslegung des Seins als Wirklichseins orientiert wird am Hinblick auf die wirklichen Dinge oder am Hinblick auf die allumfangende „Wirklichkeit". Und in einer anderen Hinsicht wird Sein gedacht und angesprochen mit dem Unterschied von Wirklichkeit und Möglichkeit. Es gibt solche Dinge, zu deren Sein Möglichkeiten mitgehören. So z.B. hat jedes Lebendige in der Entwicklung die in ihm beschlossene Möglichkeit des Entwicklungszieles, das Telos, in sich als in ihm wirkende Kraft. Bei anderen Dingen dagegen bestehen die ,,Möglichkeiten'' dieser Dinge lediglich im Verstande eines darauf bezogenen vorstellenden Wesens. Mit der Verschränkung der Seins-modalitäten, etwa in der Rede von möglichen Wirklichkeiten oder wirklichen Möglichkeiten, tun sich neue Dimensionen des Seinsbegriffs auf. Und weiterhin ist es doch offenbar auch eine merkwürdige Abart von ,,Sein'', was sich im Gedachtsein, im Gemeintsein, im Vorgestelltsein und Genanntsein eines Seienden bekundet. Gedacht-, gemeint-, vorgestellt- und genanntwerden ist am Ende nicht nur eine Sache des denkenden, meinenden, vorstellenden und nennenden menschlichen Subjektes, es ist auch Sache des davon betroffenen Seienden. Diesem ist die auf es bezogene Tätigkeit des Menschen nicht außerwesentlich. Die Dinge verbleiben nicht rein und unberührt in ihrem selbstgenügsamen Wesen. Das menschliche Vorstellen stellt dem Seienden auch etwas zu: die Gegenständlichkeit. Der Bezug des Vorstellens ist in seinem Seinscharakter ein dunkles und schwieriges Problem. Zunächst operieren wir im Alltagsverständnis mit massiven Schemata. Entweder fassen wir das Vorstellen auf derart, daß es die Dinge nicht ,,verändere'', sondern sie erfasse, wie sie an ihnen selbst sind, oder wir schreiben dem menschlichen Erkennen einen deformierenden Charakter zu: es zeige nicht das Seiende, wie es an sich sei, sondern wie es unter den Bedingungen unseres endlichen Erkenntnisvermögens zu einer phänomenalen Gegebenheit komme. Wissen ist ein ,,Seinsverhältnis'', sagt man; aber die Seinsnatur des Wissens und des Bewußtseins zu bestimmen, bedeutet eine philosophische »crux« ersten Ranges. Es ist eine Auszeichnung des antiken Denkens, daß dort entschieden vom Seienden her als dem gewußten das Wesen des Wissens erörtert wurde. Das Gewußtsein wurde begriffen als etwas, was mit dem Seienden geschieht, – als ein Vorgang der Entbergung, – und eben *nicht* als ein im Erkenntnissubjekt, in seiner seelischen Innerlichkeit sich abspielendes Geschehen. Denken, Vorstellen und Nennen ist je schon ,,draußen'' beim Seienden, ist nicht in die ,,psychische Immanenz'' eingeschlossen. Das ON ist ON LEGOMENON. Bei Descartes findet sich noch ein klares Bewußtsein dieses grundsätzlichen Sachverhaltes, wenn er das Gedacht-

sein eines Seienden, sein Insein im Intellekt eines denkenden-
vorstellenden Wesens, als „realitas objectiva" dieses Seienden
bezeichnet. Gewiß ist die „realitas objectiva", die vorgestellte,
objicierte Sachheit einer Sache von geringerer Seinskraft als
die in sich selber stehende Sachheit, die „realitas actualis" oder
„formalis" (um Descartes' Termini zu gebrauchen). Aber immerhin nennt Descartes das Gedachtsein eines Seienden einen
„modus essendi", wenn auch einen „modus essendi imperfectus".
Von dieser Art von Sein müssen wir aber wohl grundsätzlich
unterscheiden die Schöpfungen der Phantasie, die imaginären
Gebilde, die keinen Anhalt im Seienden selber haben: das Sein
der Kentauren und der mythischen Figuren, mit denen wir das
Land hinter dem Acheron bevölkern. Und wieder anderer Art
sind jene Seinsmodalitäten, die im Rückbezug auf die subjektive
Vergewisserung entstehen, die „erkenntnisrelative" Modalitäten
von Dingen aussagen. So ist z.B. das cartesianische „Ego", auf
welches der universelle Zweifelsversuch der „Meditationen"
zurückleitet, an ihm selbst kein notwendiges Wesen, kein „ens
necessarium". Das Ich muß nicht sein. Es läßt sich denken, daß
es nicht wäre samt seinem ganzen Denken – so wie wir ja auch
wissen, daß es einmal nicht mehr sein wird. Aber *während* es
sich im Selbstbewußtsein erfährt, *muß* es existieren: es ist
unmöglich, daß Selbsterfahrung stattfindet und gleichzeitig das
sich wissende Ich nicht sei, – wie es wohl möglich ist, daß
gegenständliche Erfahrungen stattfinden, während die ver-
meinten Gegenstände nicht existieren. Die Notwendigkeit für
das Sein des cartesianischen Ego ist eine bedingte, erkenntnisrelative Notwendigkeit, keine schlechthinige und unbedingte.
In solchem Rückbezug auf das Erkennen und die menschliche
Vergewisserung gibt es eine ganze Reihe von Modalitäten des
Seins, die ein noch wenig beackertes Feld philosophischer
Forschung abgeben. Und ferner bietet die Seinsart der Zahlen
und geometrischen Figuren eine große Schwierigkeit, sofern bei
ihnen gar nicht der Unterschied von Essenz und Existenz voll-
zogen werden kann. Wir sagen aber von ihnen, daß sie sind.
Aber in welchem Sinne „sind" sie? Zu weiteren und noch
schwierigeren Fragen würden wir fortgetrieben, wenn wir das
Sein der Bewegung bestimmen wollten. Sind die Bewegungen
aufzuklären und zu verstehen in ihrem genuinen Seinsgehalt,

wenn sie zurückbezogen werden auf Verhältnisse der substanziellen Dinge zu einander? Oder sprengt eine Besinnung auf
das Rätsel der Bewegung den Ansatz beim seienden Ding? Und
ferner, was besagt das Sein des Raumes und das Sein der Zeit –
und schließlich das Sein der Welt? Kann hier das Modell der
Substanz überhaupt noch die Blickbahn führen? Schon ein
roher Überschlag über die mannigfaltigen Hinsichten, in denen
wir vom Istsagen Gebrauch machen, setzt uns in nicht geringe
Verwirrung. Wo und wie sollen wir anfangen? Beim Sein der
Dinge, der endlichen, umgrenzten Einzeldinge, bei den Substanzen im gewöhnlichen Sinne? Bei dem sie charakterisierenden
Unterschied von ,,essentia'' und ,,existentia'', beim Unterschied
des Wesens und der zufälligen Momente, – bei der Vielheit der
Weisen, wie die dem Was-sein nach verschiedenen Substanzen
sich noch überdies unterscheiden im Charakter des Wirklichseins? Oder bei der Frage, wie sich die Summe aller wirklichen
Dinge von der universellen ,,Wirklichkeit'', in der sie zusammen-
vorkommen, unterscheidet? Jede solche Frage führt ins Seinsproblem. Es gibt zahllose Eingänge in das eine Labyrinth, in
dem sich alle Wege kreuzen und verwirren.

Wir sind aus auf den Zusammenhang der philosophischen
Grundbegriffe ,,Sein'' – ,,Wahrheit'' – ,,Welt''. Um diesem
problematischen Zusammenhang nachzudenken, überlassen wir
uns der Führung des ,,Transcendentalienproblems''. Wir haben
diese merkwürdigen und seltsamen Begriffe schon genannt:
ON-HEN-ALETHES-AGATHON, ens – unum – verum – bonum. Bei
der Aufzählung dieser vier ,,transcendentalen'' Begriffe suchten
wir sie anzuzeigen im Hinweis auf die Strukturverfassung des
endlichen Dinges. Wir sagten: jedes Ding ist wesenhaft eines;
das Einssein kommt ihm nicht als ein Prädikat unter anderen
Prädikaten zu, es ist vielmehr die Voraussetzung der Bestimmbarkeit überhaupt. Nur wenn das Seiende einshaft ist, mit sich
selbst identisch ist, kann es ein je so oder so bestimmtes sein.
Nur dann geht nicht wahllos alles in alles über. Aristoteles zeigt
in der berühmten Erörterung des Satzes vom Widerspruch, daß
die Einshaftigkeit des ON die Basis jeder gültigen Aussage über
das Seiende bildet. Das einshafte Seiende wird notwendig gedacht
als in sich seiend und zugleich sich darstellend, also als betroffen
durch den Unterschied von Sein und Schein. Und damit steht in

Zusammenhang die Entborgenheit des Seienden für ein menschliches oder übermenschliches Vernehmen. Das Sein des Seienden ist von Hause aus auf Vernehmbarkeit angelegt, ist intelligibel, sei es, wie die Antike meinte, daß es in sich selber vernünftig, NOUS-haft sei, oder daß es dank einer prästabilierten Harmonie den Vernunftwahrheiten konform sei, wie Leibniz ansetzte, oder daß es als „Gegenstand" – im Sinne Kants – unter bestimmten Bedingungen des menschlichen Erkenntnisvermögens stünde – oder nach Ansicht des Deutschen Idealismus, daß im Wissen, im Begriff das Seiende den Anschein gegenständlicher Fremdheit ablege, die Substanz sich in das Subjekt verwandle. Im Rahmen der Transcendentalien wird im Verlauf der abendländischen Metaphysik das Seiende immer wieder anders interpretiert – aber interpretiert wird das *Seiende*. Einsheit, Gutheit und Entborgenheit gelten als fundamentale Charaktere des Dinges, der Substanz. Der „Träger" des Seins, – solches, dem Sein zukommt, wird in den Transcendentalien strukturell ausgelegt.

Aber ist das problemlos gültig? Beziehen sich die Transcendentalien einzig und ausschließlich auf die Dinge? Heidegger hat auf den hintergründigen, schwebenden und kaum faßbaren Doppelsinn aufmerksam gemacht, welcher im griechischen Begriff des ON schwingt: gedacht wird darin das Seiende d. h. solches, das „ist", und auch das Seiendsein. Vom „Sein" reden wird, wenn wir die Dinge seiend nennen; wir sprechen dabei nicht über das Sein, sondern über Seiendes. Sein als solches ist unausdrücklich mitgesagt. Wir stehen in seinem Licht, aber blicken nicht eigens auf dieses Licht. Im Licht des Seins-Verstehens erblicken wir die Dinge und sagen von ihnen, daß sie sind, so und so beschaffen sind usw. Wir haben sozusagen die Helle des Seins „im Rücken", wenn wir in unserem theoretischen und praktischen Lebensvollzug uns den substanziellen Dingen zuwenden. Es bedarf einer „Umwendung der Seele", einer Umwendung des Denkblickes, wenn wir eigens auf das zu achten versuchen, was sonst im Istsagen immer im Gebrauch steht und doch selber nicht befragt und bedacht wird. Am Ende erschließt sich uns eine *unerwartete Problematik, wenn wir die transcendentalen Titel statt auf das Seiende, auf das Sein beziehen, wenn wir fragen, ob und wie das Sein selbst eines, gut und unver-*

borgen sei. Es könnte sein, daß auf diesem Wege Wahrheit und
Welt ursprünglicher aufleuchteten. Die hier geforderte „Umwendung" ist keineswegs leicht zu vollziehen, ist mehr als eine
Aufgabe des Scharfsinns und der Klugheit. Die ganzen Denk-
gewohnheiten einer langen Überlieferung sperren den Weg.
Und auch jeder Versuch, diese Barrikaden zu beseitigen, muß
zunächst diesseits derselben beginnen. Der Anfang jedes Denk-
versuchs ist von vornherein bestimmt durch die menschliche
Situation: wir sind je ein vereinzeltes Seiendes inmitten einer
unabsehbaren Menge von Dingen. Wir sind umringt und umzingelt von Dingen aller Art, – wir sind inmitten einer Welt. Aus
den Nähen und Fernen spielt ein unaufhörlicher Zudrang der
Dinge sich uns zu. Auch wenn wir im „Nächsten" aufgehen,
stehen wir unter den fernsten Gestirnen. Jede menschliche
Wohnstatt inmitten der Dinge, jedes heimische Feld, in dem
wir uns auskennen und einen vertrauten Umgang haben miteinander und mit den altbekannten, in das Menschenleben seit
je hereinragenden Dingen: mit Herd und Haus, mit Pflug
und Schwert, mit Leier und Krug und vielem mehr, ist immer
schon aufgebrochen von der uns umschwingenden unausdenk-
lichen Weite, die uns als das Unheimliche schreckt oder als
lockende Ferne beunruhigt. Wir sind gleichsam „ausgesetzt"
mitten unter den Dingen – und können nicht so fraglos sein
wie Gewächs und Getier. Wir gehen nicht darin auf, schlicht
zu bestehen und uns eine Weile am oberirdischen Tag zu halten.
Wir sind dem Tode offen, wissen um unsere Todgeweihtheit,
um unsere Vergänglichkeit – und deswegen können wir und
müssen wir fragen, was denn das überhaupt „sei", dieses
Bestehen und flüchtige Weilen. Wir messen uns an der Beständigkeit der Sterne, an der Dauer des Felsens und an der Unvertilg-
barkeit des elementarischen Stoffes und erkennen schaudernd
die Gebrechlichkeit unserer Existenz. Ein flüchtiger Atemzug
der Natur scheinen wir zu sein, nicht bloß der Einzelne, das
ganze Menschengeschlecht. Gewiß gibt es Lebewesen, die
kurzfristiger sind. Aber den Eintagsfliegen ist ihre Zeit nicht
durch das Wissen um Zeit verstört.

Aber wird eine solche elegische Betrachtung dem ontologischen
Range des Menschen gerecht? Sind wir nur das schwindendste
Wesen unter allen vergänglichen Dingen? Ist es nur zu unserer

Qual, daß wir um das uns übertreffende Dauern des Steins wissen? Ist es von Stern, Meer, Felsblock her gesehen völlig gleichgültig, daß wir als die vernehmenden, vernünftigen Lebewesen sind? Haben sie ihr stärkeres, länger vorhaltendes Sein unberührt und gültig in sich? Oder sind sie in irgendeinem Sinne auf uns verwiesen? Warten sozusagen die Dinge darauf, im Menschengeiste zu erstehen, anerkannt zu werden als seiend? Kann am Ende nur durch den Menschen offenbar werden, was die Dinge sind? Ist der Mensch als Stätte der Entbergung in einem profunden Sinne nötig für alles Seiende überhaupt? Hier liegen schwerwiegende und dunkle Fragen. *Wie gehört der Mensch zum Sein?* Ist sein Verhältnis damit schon angegeben, daß man sagt, er ist eben, ihm kommt Sein zu? Seiend ist auch der Berg, der Strauch, der Maikäfer. Der Mensch ist – und verhält sich in seinem Sein zum Sein seiner selbst und aller seienden Dinge überhaupt. Die Dinge umstehen uns – und sind dabei von uns angeschaut, erfahren, erkannt, teilweise auch bearbeitet und umgestaltet. Die Dinge umgeben uns nicht bloß so wie der Nebel den Baum. Sie umzingeln uns, indem sie hereinstehen in die Sphäre des menschlichen Vernehmens. Sie sind, indem sie *für uns* sind, sind als „Phänomene". Der Weg des philosophischen Denkens muß immer ausgehen vom Bereich der „Phänomene", vom Feld des „Gegebenen". Aber damit ist nicht vorentschieden, daß es auch immer innerhalb der Phänomene bleiben müsse. Vielmehr wird die Frage unausweichlich, was denn überhaupt die Phänomenalität sei. Was bedeutet es für das Seiende, daß es „erscheint"? Was geht mit dem Seienden vor sich, wenn es in die Zone menschlichen Vernehmens und Verstehens hereinragt, wenn es aufglänzt im Umkreis des Menschen? Und weiter bleibt zu fragen, ob das Gegenstandwerden für ein vorstellendes Wesen den einzigen und ursprünglichen Sinn von „Erscheinen" besagt – oder ob auch eine grundsätzliche andere Weise von Erscheinen gedacht werden müsse. Wir suchen einen Eingang in die Philosophie mit der Frage nach dem Zusammenhang von *Sein und Erscheinen*. Weil die überlieferte Metaphysik eine Antwort auf die Seinsfrage zu finden glaubte, indem sie entweder aus den Phänomenen eines auswählte oder „jenseits" der Phänomene ein imaginäres „summum ens" behauptete, muß kritisch allererst gefragt werden, was das

Erscheinen von Seiendem, was Erscheinen als eine besondere
Weise des Seins und was die Seinsweise des Erscheinens eigentlich sei. Vielleicht erweist sich das als eine der endlosen Fragen,
die nicht mit einer Antwort zu schließen sind, vielmehr das
Philosophieren auf den Weg bringen.

7

SEIN UND ERSCHEINEN, – DAS ERSCHEINEN DES SEIENDEN.
APORIEN DES PHÄNOMEN-BEGRIFFS

Wir versuchen einen Eingang zu gewinnen in das Labyrinth des Seinsproblems mit der Frage nach dem Zusammenhang von Sein und Erscheinen. Diese Frage ist nicht willkürlich gewählt, ist kein beliebiger Einfall. Sie gehört seit den Anfängen zur Geschichte der menschlichen Seinsauslegung. Wann und wo immer Sein verstanden, menschlich interpretiert wird, setzt dies voraus, daß der Mensch in irgendeinem Sinne sich *zum* Sein verhält, daß dieses sich ihm zeigt, ihm erscheint. Irgendein Verhältnis des *Menschen zum Sein* und des *Seins zum Menschen* muß als Bedingung der Möglichkeit für jegliches Philosophieren, ja für jedes Ist-sagen vorausgesetzt werden. Die seinsmäßige Möglichkeit der Philosophie hängt davon ab, daß das Sein überhaupt sich in sich lichtet, daß es aufgeht, leuchtet, scheint. Wäre es in sich *nur* dunkel, verschlossen und unentfaltet, so wären keine Einzeldinge, wäre überhaupt nicht Seiendes, wäre kein seinsverstehender Mensch. Das *un*unterschiedene, bloße Sein wäre in seiner Bestimmungslosigkeit gleich dem Nichts. Das *ungeheuere Urereignis*, das alle Ereignisse, Begebenheiten, alle Geschehnisse im Universum ermöglicht, ist der Aufgang des Seins in die Vielfalt des vereinzelten Seienden. Die Sonnen kreisen am Firmament, Land und Meer scheiden sich von einander, Gewächs und Getier beleben die Erde, Menschen erbauen Städte und Staaten – *einzig, weil das Sein erscheint*. Das Erscheinen des Seins ist der Grund, daß überhaupt Seiendes ist. – Das sind zunächst massive und anspruchsvoll klingende Behauptungen. So geradehin gesagt in Thesenform, haben sie keinen besonderen Wert, – *wenn* man es dabei bewenden läßt. Ein Mythologie des

Seins ist auch nicht philosophisch belangvoller als sonst eine mythische Kosmogonie. Es kommt hier alles darauf an, die vordeutenden Thesen in den Gang denkerischer Probleme zu verwandeln. Aber dabei müssen doch die großen Zusammenhänge der Problemmotive im Blick gehalten werden. Diesen Zusammenhang sehen wir hier in der Verkettung und Verklammerung der Transcendentalien, und zwar als primärer Bestimmungen des Seins – und erst in abgeleiteter Weise als Bestimmungen jedes Seienden als solchen. Die Leitfrage, welche uns führt, ist: wie und in welchem Sinne ist das Sein an ihm selbst einshaft (HEN), an ihm selbst aufgehend und entborgen (ALETHES) und an ihm selbst „gut" (vollkommen), – wie gehört Wahrheit und Welt notwendig zum Wesen des Seins?

Aber um in die Dimension dieses Problems überhaupt vorzustoßen, bedarf es erst eines Weges, eines mühsamen und schwierigen Weges. Das Sein fassen wir nicht unmittelbar, gerade weil es uns viel näher ist und uns inniger berührt als jemals die Dinge. Sofern wir selber sind, sind wir auch schon im Sein. Wir stehen ihm nicht gegenüber, wir sind in es einbehalten. Aber zugleich ist es auch das uns Fernste, zu dem wir ahnend uns hinsehen und dabei doch nie in seiner absoluten Wahrheit ankommen. Wir sagten das schon, wir hätten gleichsam das Licht des Seins im Rücken: wir blicken auf das Seiende und verstehen es *als* „seiend", wir sehen *im* Licht des Seins, aber sehen gemeinhin nicht dieses Licht selber. Wir gleichen den Gefangenen in Platons „Höhlengleichnis". Aber ist die Philosophie der jähe Ruck einer Umwendung des ganzen Menschseins, die Verrückung des menschlichen Aufenthaltes, Hegels verkehrte Welt? Können wir, durch eine entschiedene und gewaltsame Anstrengung des Menschengeistes, uns sozusagen gänzlich umwenden und direkt das Sein erblicken? Ist einzig ein radikaler Stellungswechsel des Menschen vonnöten? Liegt aber ein solcher Stellungswechsel im vorgegebenen Spielraum der menschlichen Möglichkeiten, ist er, wenn auch mit Mühe, von uns zu leisten? Kann ein *Seiendes* – und der Mensch ist doch ein Seiendes, wenn auch das durch Seinsverständnis ausgezeichnete Seiende, – das *Sein* direkt und unverstellt angehen? Oder kann er nur *über das Seiende* das Sein andenken? In einer merkwürdigen und geheimnisvollen Weise weiß der Mensch immer schon um das

Sein, er ist der vom Sein Angerufene und nennt es antwortend, wenn er die Dinge *seiend* nennt. Die Dinge verstellen ihm den freien Ausblick ins Sein. Und das wirkt sich auch darin aus, daß er im vergeblichen Bilde eines höchsten Seienden zu denken versucht, was als Sein alle endlichen Dinge durchmachtet und doch darin sich nicht erschöpft. Der philosophierende Mensch, der denkend das Sein sucht, muß mühsam aufsteigen, hinter sich ahnend das Gesuchte. Er muß die *Abgekehrtheit* des Seins aushalten und das Seiende durchforschen – in der Hoffnung, daß am Ende des Weges ihm erscheine, was das Seiende zum Seienden bestimme. Der Denker gleicht dem Orpheus in der Unterwelt: er darf sich nicht zu früh umwenden.

Unsere Frage nach dem Zusammenhang von Sein und Erscheinen kann nicht unvermittelt vorspringen in das Erscheinen des Seins, – sie muß zunächst und zuerst ansetzen beim Erscheinen vom Seiendem – und die Frage wachhalten, inwiefern im Erscheinen von Seiendem ursprünglicher ein Erscheinen des Seins geschieht. Die Situation des Menschen ist dadurch charakterisiert, daß er sich als ein sich selbst wissendes Seiendes inmitten einer unabsehbaren Menge von anderem Seienden vorfindet in der Welt. In mannigfachen Weisen ist er erkennend, vorstellend, arbeitend auf die umgebenden Dinge bezogen. Vielfach übertreffen sie ihn an Dauer und Beständigkeit. Der Felsblock weiß nicht, daß er dauernder ist als der Mensch, – und hat überhaupt nicht seine Beständigkeit für sich selbst. Er ist, aber sein Sein ist ihm nicht aufgetan. Der Felsblock ist *für uns* ein Beispiel eines Seienden, dem sein eigenes Sein nicht eröffnet ist. *Für uns* besteht die Seinsverschlossenheit des Felsens, nicht für den Felsen selber. Vom Baume sagen wir, daß er als lebendiges Gewächs irgendwie dunkel und dumpf doch sein Leben spüre, daß er das Licht suche, daß er strebe. In einer herabgesetzten Art hat der Baum einen Bezug zu seiner Umgebung. Im Gewächs ist das Dasein und Bestehen schon in einer ersten, elementaren Stufe für sich im Lebensgespür eröffnet. In höherem Maße sprechen wir dem Tiere eine gewisse Offenheit für sein Leben zu, – es hat Wahrnehmungen, triebhafte Affekte, Gedächtnis, aber alle diese Fähigkeiten sind zusammengehalten und geeint in einem Lebensvollzug, der nicht einfach an sich abläuft wie ein Schneefall oder wie die Kolbenbewegung einer

Lokomotive; der tierische Lebensvollzug ist in sich erhellt. Das Tier lebt in einem Umgang mit seinem Leben und den äußeren Begebenheiten seiner Umwelt. Der Mensch erst spricht sich an als ein Selbst, als ein Ich und unterscheidet von sich alles andere Seiende. Die hohe Offenheit des Menschen für sich selber bringt ihn in eine scharfe Abständigkeit zu dem umgebenden Seienden. Er ist nicht nur selbsthaft und selbständig, sondern vor allem selbstbewußt. Das ausdrückliche und scharfe Selbstbewußtsein stellt den Menschen mehr als sonst jedes Ding aus dem umfangenden Naturzusammenhang heraus, lockert und löst die sympathetische Verbundenheit aller Lebewesen. Der Mensch wird gleichsam zur sich überschlagenden Spitze der Natur: zum Naturgeschöpf, das in gewisser Weise sich vom Naturbann zu lösen vermag, – das aus der Reihe der Wesen heraustritt und alles und jedes zu seinem „Gegenstande" macht. Zwar wissen wir, daß wir in unserem Daseinsgrunde nie gänzlich der Natur entkommen, daß sie uns noch immer durchstürmt – in den alltäglichen Bedürfnissen wie in den großen Leidenschaften, aber wir *wissen* unsere Naturgefangenschaft, wir sind ihr nicht blind untertan wie Wolke und Welle, wie Reh und Ameise, wie Baum und Strauch. Wir sind von ihr freigelassen in dem Sinne, daß unsere Kette nur länger ist als bei den übrigen Lebewesen, daß wir ein größeres Feld der Freiheit haben, wo wir uns auch gegen die Natur verhalten können. Die Denkschemata sind bekannt, in denen eine Hierarchie der Dinge veranschlagt wird gemäß der Stufung der steigenden Bewußtheit. Zuunterst liegt dann das Leblose, der materielle Stoff, der nur an sich, aber in keiner Weise sich selbst offen, in keiner Weise für sich ist. Darüber baut sich dann die engere Stufe des Pflanzenreiches, darüber die noch engere der Tiere, und zuhöchst die Spitze der Pyramide, der sich ausdrücklich selbst wissende Mensch, dem alle anderen Dinge zu Gegenständen seines Vorstellens und Erkennens werden. Aber diese Hierarchie ist eine menschliche Ausdeutung der Welt – zu unserem Stolze gemacht. Wir halten uns für das Ziel der Schöpfung. Wir wähnen, die Natur steige durch die lange Leiter der Pflanzen und Tiere herauf bis zu uns, um in uns zu sich selber zu kommen, – um in uns und in unserem Geiste ihre Schöpferkraft selber ins Wissen zu heben. Die große dunkle Woge, welche alles Seiende, End-

liche und Vereinzelte auswirft, soll in der äußersten und schmal-
sten Wellenspitze sozusagen ins Licht kommen, im Menschengeiste verklärt – und erklärt werden! Dem Menschen wird so
eine universelle Bedeutung zugesprochen. Alles Seiende drängt
zum Menschen hin, um in ihm gewußt und damit geistig zu
werden; der Mensch gilt so als der Erlöser aller Dinge aus der
dumpfen Gefangenschaft bloßen Ansichseins. Im Menschen
mündet der Weg aller Dinge aus dem Ansichsein in das Fürsichsein. Religion und metaphysische Philosophie haben im abendländischen Raum den Rang des Menschen vielfach in solcher
Sicht gesehen. Um des Menschen willen habe Gott, sagt die Bibel,
Land und Meer geschieden, die Leuchten der Sonne, des Mondes
und der Sterne an den Himmel gesetzt, die Gewächse und Tiere
ins Dasein gerufen. Alles Seiende dränge zum Geist, ist die
Grundüberzeugung der metaphysischen Philosophie von Platon
bis Hegel. Aber ist das nicht ein allzu anthropomorpher Gedanke? Es mag sein, daß der Mensch inmitten der Dinge einen
besonderen Rang, einen kosmischen Auftrag, eine einzigartige
Bedeutung hat. Aber darf das ungeprüft in der massiven Weise
angesetzt und behauptet werden, daß alles Seiende im Geiste
des Menschen ,,Auferstehung'' sucht? Drängt die dumpfe Natur,
in uns sich zu verwandeln ins ,,Unsichtbare'' und Geistige? Hier
gilt es doch zuerst, eine Reihe von Vorfragen zu klären und zu
erörtern, bevor man zu so hochfliegenden Thesen gelangt.
Bevor man dem Erscheinen des Seienden einen solchen Sinn
zumißt und von einer weltweiten Tendenz zur Spiritualisierung
redet, muß offenbar das Erscheinen selber bedacht werden.
Damit wird nicht der Vorwurf ausgesprochen, die Philosophie
habe ein solches Bedenken bisher unterlassen. Seit der Antike
bewegt sich das philosophierende Denken vielfach und gründlich
in diesem Problemfeld. Aber das Erscheinen wird vorwiegend
thematisch als das Erscheinen von Seiendem – und kaum als das
Erscheinen des Seins.

Kehren wir zu unserem vorläufigen Ansatz zurück. Wir
beachten die Situation des Menschen. Wir sind zunächst so in
der Welt, daß wir von Seiendem umzingelt sind. Das ist aber
kein Sachverhalt, der an sich besteht – wie etwa die Entfernung
zwischen Erde und Mond oder das Verhältnis des Radius zum
Kreisumfang. Sicherlich besteht die Umringtheit des Menschen

durch umgebende Dinge auch an sich, aber der Mensch ist wissend diesem Sachverhalt aufgetan und eröffnet. Die Dinge umgeben uns jeweils so, daß sie dabei wahrgenommen, erfahren, erkannt sind; sie stehen in das menschliche Vernehmen herein. Und auch der Mensch ist sich selber noch eröffnet. Er ist und weiß sich in seinem Sein. Zum Sein des Menschen gehört das Sichwissen – und jeweils ein Wissen der Umgebung. Selbstbewußtsein und Gegenstandsbewußtsein von fremden, umgebenden Seienden ist immer miteinander verklammert. Natürlich gibt es dabei Verlagerungsmöglichkeiten des Interesses: wir können z.B. gleichsam versunken sein in den Anblick berückender Dinge, ,,selbstversunken" im Schauen hingegeben sein. Oder umgekehrt, wir können uns meditativ in unsere Innerlichkeit zurückwenden und die vernehmenden Bezüge zur Umwelt abschalten. Und doch ist in beiden Fällen die Verklammerung von Selbst- und Gegenstandsbewußtsein noch da, nur daß einmal das ,,Selbst", das andere Mal das ,,Gegenstandsfeld" abgeblendet ist, – aber solche Abblendung gegen ... ist immer noch eine Weise, wie das Ausgeschaltete in einer leeren Unbestimmtheit da ist und bereit liegt für eine ,,Weckung". Der Mensch als Mensch ist für sein Sein offen und für das Sein des ihn umstehenden Seienden. Der Mensch hat das eigene Sein und auch das Sein der Dinge nie unabhängig von seiner Offenheit. Er hat dergleichen jeweils nur als ,,Phänomen". Nicht allein die Dinge, er selbst ist sich ,,Phänomen". Der Mensch ist so beim umgebenden Seienden und auch bei sich, daß er bei Phänomenen ist. Der menschliche Aufenthalt inmitten des vielgestaltigen Seienden *in* der Welt ist durch den prinzipiellen Phänomenbezug charakterisiert. Aber da erheben sich bald, bereits für das natürliche Bewußtsein, eine Reihe merkwürdiger Fragen. Ein Mißtrauen erwacht. Wir werden bedenklich, je mehr wir zu bestimmen versuchen, was denn der Phänomencharakter der Dinge sei. Wir sagen uns etwa: die Dinge sind, was sie sind, zuerst und vor allem in sich selbst. Indem sie aber in den Erkenntnisbereich unseres Erkenntnisvermögens hereinstehen, erscheinen sie uns, zeigen sie sich. Wir meinen zunächst, sie zeigen sich, wie sie an ihnen selber sind. Doch bald ergeben sich Zweifelmotive, welche diesen unmittelbaren Glauben stören, eventuell sogar zerstören. Indem die Dinge ,,erscheinen", werden sie *für uns*, werden sie für ein anderes Seiendes; sie können sich also nicht geben, wie sie in sich sind, sondern nur so, wie sie für ein anderes Seiendes sind. Sie zeigen sich in einem Darstellungs-moment und eben nicht in ihrem reinen Insichstehen und Insichberuhen. Und nun kommen die zahlreichen kritischen Argumente, die bereits der gesunde Menschenverstand in Hülle und Fülle kennt, und dazu skeptische Tropen aus der Philosophie-geschichte. Jeder kennt die Tatsache, daß die Sinne verschiedener Menschen Verschiedenes ausweisen: dem einen schmeckt bitter, was dem anderen süß, der eine sieht scharf, der andere ist schwachsichtig. Im Alltag rechnen wir mit einer Fülle von solchen Relativitäten. Jeder, sagt man, vernimmt die Dinge eben in seiner Perspektive, von seinem Standort aus. Wir haben vielerlei Möglichkeiten, etwa einen Wald anzusehen: vom Standpunkt des Wanderers, des Holzhändlers, des Kartographen, des kämpfenden Soldaten usf. Anders erscheint er wohl den Europäern mit ihrer technischen Grundstellung zum Seienden, anders dem sibirischen Jäger, oder dem Indio am Amazonas. Aber wer von ihnen vernimmt, wie der Wald an sich selbst ist? Anders erscheinen die Dinge wohl dem Menschen und wieder anders dem Tier. Haben wir Menschen unbestritten die besseren und eigentlicheren Zugänge zum Seienden? Wäre es nicht mög-lich, daß das naturverbundene Tier einen sinnlichen Reichtum erschließt, der uns naturentfremdeten Menschen versagt ist? Schillern nicht die Dinge in einer unheimlichen Vieldeutigkeit, weil sie erscheinen in völlig andersgearteten Zonen des Ver-nehmens? Das gleiche Grasbüschel, das in der Welt der Käfer und Ameisen ein System von Wegen, für den Bauern gutes Viehfutter, für den Botaniker ein Forschungsobjekt bedeutet, erscheint so in mehrfältiger Bewandtnis. Wir sind natürlich rasch bei der Hand mit der Auskunft, daß vornehmlich in der Menschensicht und besonders noch in der wissenschaftlichen Optik des Menschen sich gültig bestimme, was und wie das Seiende an ihm selbst sei. Aber der Mensch wird in dieser Zuversicht gestört, wenn er der ältesten Vorstellungen sich erinnert, welche das Menschengeschlecht mit sich führt. Aus der mythischen Urzeit stammt der Glauben an Dämonen und Götter, an Menschen-übertreffende Wesen, die wesentlicher wissen, wie es um das Seiende steht, die höhere Erkenntnisse und Einsichten haben. Und der Vorsprung der Götter im Wissen vom Seienden ist, wie man sagt, nicht bloß „quantitativ": sie wissen nicht umfänglich mehr als die Menschen, haben nicht eine weitergeführte Wissenschaft als wir ,– sie wissen in einer wesentlicheren Weise. Gemessen am göttlichen Erkennen ist das menschliche Wissen armselig und hinfällig, kaum die Außenhaut der Dinge berührend. Menschliches Erkennen und Wissen gewinnt aus dem Abstand zum Göttlichen den Charakter des Unwesentlichen, Relativen und Endlichen. Der Mensch kann nun versuchen, die eigene Endlichkeit seines Erkennens einzukalkulieren, d.h. ausdrücklich darauf zu verzichten, erkennen zu wollen, wie das Seiende an ihm selbst ist, und selbstkritisch nur so vom Seienden zu reden, wie dieses unter den Bedingungen eines endlichen Erkenntnisvermögens erscheint. Dann kann nicht mehr die Rede davon sein, daß das Seiende im Erscheinen für den Menschen sich zeige, wie es als Ding an sich, sondern nur, wie es als menschenbezogene Erscheinung ist. Das Ding an sich verschwindet aus der Erkenntniszone des Menschen, entzieht sich ins „Unerkennbare" und hinterläßt eine Erscheinung, von der man nicht angeben kann, wie sie sich zum Seienden selbst verhält, ob sie ihm ähnlich oder unähnlich oder keines von beiden sei.

Aber damit ist die Schwierigkeit für das Denken noch nicht beseitigt; es wiederholt sich nun in bezug auf die Erscheinung, was zuvor bezüglich des Dinges selbst geschah: auch hinsichtlich der Erscheinung ergeben sich wiederum zahllose Relativitäten; auch hier haben wir die Verschiedenheiten individueller und gruppenhafter Auffassung. Und auch von der so isolierten Erscheinung sagen wir immerhin, daß sie *ist*. In welchem Sinne aber ist sie, wenn wir auf dem *fixen* Unterschied von Seiendem an sich und Erscheinung beharren wollen? Ist das Sein der Erscheinung selbst wiederum „erscheinend"? Kämen wir so nicht in einen Regressus in infinitum, in eine Sackgasse des Denkens? Die Schwierigkeiten türmen sich noch mehr, wenn wir beachten, daß auch wir selber nur „für uns" selber, als Erscheinung, als Phänomen sind. Wir können also nicht den Erscheinungen von den uns umgebenden Dingen, den Fremdphänomenen im ganzen, einen festen seinsgewissen Ort anweisen, wo sie schlicht sind. Wir können nicht die Erscheinungen der umgebenden Dinge im Sein

des Subjektes verankern. Denn das menschliche Subjekt ist
ebenfalls für sich eine Erscheinung, ist für sich ein Phänomen.
Folgt daraus nicht, daß die äußeren Erscheinungen in einer
subjektiven Erscheinung gründen? Ist dann nicht das sogenannte
Sein der Phänomene wiederum nur ein Phänomen? Kommen wir
so jemals auf Grund – oder versinken wir in einer hyperkritischen
Bodenlosigkeit? Und wenn man darauf hinweist, daß doch die
cartesianische Analyse des Selbstbewußtseins in der Selbst-
gewißheit des Ego cogito ein unerschütterliches Fundament
gefunden habe, so muß darauf erwidert werden, daß dieses
Fundament gerade *als Phänomen* in unerschütterlicher Weise
existiere – und damit noch nichts ausgesagt sei, *wie* das Ego sei,
also in welchem Sinne hier überhaupt vom Phänomen Ego auf
ein *ansichseiendes „Ego"* geschlossen werden dürfe. Descartes
sagt in den „Meditationen" ausdrücklich, daß er nicht wisse,
was die Seele an sich, also unabhängig von ihrer Selbsterfahrung
und Selbstvergewisserung sei. Er sagt über sie nur aus im
Horizont ihres *Sichselbererscheinens.* In solchen Gedanken-
gängen wird das „Ansichsein" von Seiendem in betonten Gegensatz zu seinem „Erscheinen" für den vernehmenden Menschen
gesetzt. Ansichsein und Erscheinen schließen sich hier aus. Was
immer erscheint, hat durch die Erscheinung sein Ansichsein
verstellt. Die Dinge an sich erkennen zu wollen, wird so zu einem
unmöglichen Unterfangen. Das Ansichsein wird so zu einem
leeren Grenzbegriff eines Denkens, das auf seine kritische
Reflexivität stolz ist.

Machen wir einen Moment ein massives Gleichnis. Wir fin-
gieren, eine brennende Kerze bei Nacht wäre ein beseeltes,
denkenkönnendes Lebewesen. Diese Kerze erleuchtet mit ihrer
Flamme einen sie umgebenden Lichthof. In diesem Lichthof
sieht und erkennt sie eine Menge von Umgebungsdingen. Zunächst wohl nimmt sie diese Gegenstände hin, als solche die
sich so zeigen, wie sie an sich sind. Die Belichtetheit nimmt sie
als Bestimmungen der Dinge selbst. Auch sich selber sieht sie
in ihrem eigenen Lichtschein. Im Licht zeigen sich die Dinge
und sie selber. In einer kritischen Reflexion kann sie nun dessen
inne werden, daß das Belichtetsein eine von ihr selbst mitge-
brachte Bedingung ist, unter der sie die anderen Dinge und sich
selbst vernimmt. Aber nun schiebt sich gleichsam dieses Moment

zwischen die Dinge und sie – ja auch zwischen sich als Erscheinung und Ding an sich. Sie kommt zu dem erkenntnistheoretischen Räsonnement, daß sie ja niemals die Dinge erkennen könne, wie sie an sich d.h. hier, wie sie *un*belichtet sind; sie könne sie nur unter den Bedingungen des Lichts erfassen und wäre dadurch gerade abgeschnitten von wahrem Sein, wäre auf das bloß-phänomenale Sein der Dinge, auf ihre Erscheinung beschränkt.

Was in diesem skurril scheinenden Gleichnis herausspringt, ist die Erkenntnissituation des Menschen. Der Mensch kann das Seiende, das ihn umgibt, und auch sich selber nur vernehmen unter den Bedingungen seines Erkenntnisvermögens. Er kann seinen *Zugang* zum Seienden nicht nachher wieder abziehen und so das Seiende frei von den Bedingungen menschlichen Zugangs als Resultat einer solchen Subtraktion erhalten. Aber muß das notwendig zur skeptischen Resignation und zu einem Agnostizismus hinsichtlich des Seienden *selbst* führen? Das ist mindestens eine Frage. Wir neigen dazu, den Weg des Denkens, der uns in solche Schwierigkeiten führt, zu früh abzubrechen und dogmatische Positionen zu fixieren. Wäre nicht erst einmal zu fragen, wieso und inwiefern das Erscheinen des Seienden das Seiende an ihm selbst verstellt? Operieren wir dabei nicht mit Vorstellungen allzu-dinglicher Art? Halten wir die Erscheinung nicht für irgendeine Art oder Abart von ,,Bild'', welches die Sache selbst verdeckt? Gewissermaßen für einen Schirm, hinter dem das Ansichsein verschwindet? Die übliche Interpretation des angeblich verdeckenden Charakters der Erscheinung bezüglich des Seienden *selbst* behandelt gerade, ohne die methodische Inkonsequenz zu merken, die Erscheinung als eine ansichseiende Sache, die sich vor eine andere Sache schiebt.

Aber man entkommt den Schwierigkeiten auch nicht etwa mit dem Ansatz der modernen ,,Phänomenologie'', welche prinzipiell vom Seienden als einem dem menschlichen Vernehmen *gegebenen* ausgeht und das *Phänomen* als einzige legitime Basis philosophischer Aussagen proklamiert. Der Mensch ist wesenhaft beunruhigt durch die Unterscheidbarkeit von Seiendem für uns und Seiendem an sich. Diese Unruhe, welche das Philosophieren treibt und jagt, kann und soll nicht beseitigt werden dadurch, daß man entweder den fragwürdigen Unterschied einfach leugnet oder ihn zu einer Beziehungslosigkeit übertreibt und ontisch verhärtet. Was *ist* das Erscheinen von Seiendem? Diese Frage müssen wir erst wirklich zu fragen versuchen. Bislang haben wir ziemlich naiv argumentiert. Das Erscheinen galt uns einfach als das Hereinragen der Dinge in den Umkreis des menschlichen Vernehmens. Die Dinge, sagt man, zeigen sich, indem sie erfahren und gewußt werden. Die menschliche *Gewußtheit* der Dinge reißt diese selbst sozusagen aus ihrem eigenen Stand, aus ihrer Eigenständigkeit und verwandelt sie zu Phänomenen – oder anders beschrieben: das menschliche Erkennen kommt gar nicht an die Dinge selbst heran, erreicht sie nicht in ihrem substanziellen Wesen, erfaßt sie nur in ihrer Oberfläche. Eine Feindschaft wird so angesetzt zwischen dem Erkennen des Menschen und dem Seienden an ihm selbst. Das Seiende läßt sich in der vorstellenden Vergegenständlichung, in der Objektivierung für ein erkennendes Subjekt nicht einfangen; es entzieht sich den Fallen und Netzen des menschlichen Geistes, – es behält sein Ansichsein bei sich und gibt es in keiner Erscheinung her.

Solche Gedankenmotive haben ohne Zweifel Rang und Bedeutung in der Philosophie, – aber verlieren jeden Wert, wenn sie als *dogmatische End-Positionen* ausgegeben werden. Es gilt, das Problem solange wie nur möglich offen zu halten. Daß das Erscheinen von Seiendem *zusammenhängt* mit dem Erkanntwerden durch den Menschen, ist wohl nicht zu bestreiten, – aber fraglich bleibt, w i e es damit zusammenhängt und o b das Sichzeigen für ein vorstellendes Wesen der erste und ursprüngliche Sinn von ,,Erscheinen" ist. Vorhin haben wir einen Unterschied formuliert zwischen dem *Ansichsein* und dem *Fürsichsein* von Seiendem – und zwar so, daß wir die gängige Vorstellung von einer pyramidenartigen Stufung der innerweltlichen Dinge aufgriffen. Das ergibt eine gleichsam ,,statische" Inventur. Man scheidet solches, das an sich ist wie der Stein, die Wolke, der Stern, von solchem, das seinem Bestehen eröffnet ist, – und hat dann die bekannte Stufung zunehmenden Sichwissens vom dumpfen Gespür der Pflanze über das frohe und geängstigte Tier bis hinauf zum selbstbewußten und selbst frei bestimmenden Menschen. Das für sich selber offene Seiende ist immer auch anderem Seienden aufgetan. Zur Seinverfassung eines solchen Seienden (Pflanze, Tier, Mensch) gehört immer schon ein

dumpfer oder heller Einbezug von fremdem Seienden. Das heißt:
sofern Lebendiges ist, ereignet sich das Hereinstehen von Seiendem in Spielräume des Vernehmens, – werden Dinge für
anderes. Und was so den Charakter der Vernommenheit erhält,
braucht gar nicht bloß „an sich" zu sein wie der Stein. Das
Lebendige vernimmt notwendig immer auch Lebendiges; also
auch solches, von dem wir vorhin sagten, es sei *für sich*, weil es
für sich offen ist, wird dann *für ein Anderes*. Für-ein-anderes-
werden d.h. in den Erlebenshorizont eines Lebewesens hereinragen kann jedem Seienden grundsätzlich passieren. Damit
wird aber jetzt ein neuer Begriff von „Ansichsein" notwendig,
der zunächst einfach die Unbetroffenheit eines Seienden in bezug
auf ein Erleben, Gewahren, Vorstellen eines fremden Seienden
meint. In solchem Sinne ist auch der Mensch „an sich", –
paradox formuliert: sein Sichselberoffenstehen, sein Fürsichsein ist gerade die ihm eigene Seinsweise: er ist an sich für sich.
So müssen wir bei allen Dingen denken, daß sie, wie immer sie
auch gebaut sein mögen, zuerst und vor allem in sich selber
stehen. *Alles* Seiende schlechthin ist an sich. Jedes Ding zwischen
Himmel und Erde hält sich zuerst einmal in sich zurück, – es
verströmt nicht ins Unbestimmte, es bleibt in sich gefaßt,
solange es sich im Sein zu halten vermag, – gehört sich selbst,
verbleibt in seinem Eigentum. Alles endliche Seiende ist an sich
eigentümlich. Davon hebt sich doch offenbar die Weise ab, wie
ein Ding – etwa im Prozeß des Erkanntwerdens – für ein
anderes Seiendes wird. Wir sagen, das Ding „erscheint" – wird
zum Gegenstand, zum Erkenntnisobjekt. Es gerät in einen Bezug
zu einem Vorstellen im weitesten Sinne. Aber verliert es damit
die Struktur der Selbständigkeit und Eigentümlichkeit – oder
kann überhaupt nur *für ein Anderes werden*, was *an sich* ist?
Es könnte sein, daß wir zu kurzschlüssig denken, wenn wir das
Ansichsein und Füreinanderessein als sich ausschließende
Gegensätze behandeln. Die ontologische Naivität, mit der vielfach in hyperkritischen Erkenntnistheorien operiert wird, ist
verblüffend – und es ist vielleicht zu beherzigen, was Hegel darüber in der „Einleitung" zur „Phänomenologie des Geistes"
sagt: „Inzwischen, wenn die Besorgnis in Irrtum zu geraten, ein
Mißtrauen in die Wissenschaft setzt, welche ohne dergleichen
Bedenklichkeiten ans Werk selbst geht und wirklich erkennt,

so ist nicht abzusehen, warum nicht umgekehrt ein *Mißtrauen in dies Mißtrauen* gesetzt und besorgt werden soll, daß die Furcht zu irren schon der Irrtum selbst ist." Wir stellen die Frage, ob das Erscheinen von Seiendem, wenn es als Hereinragen von Dingen in Zonen menschlichen Vernehmens und Vorstellens genommen wird, legitim interpretiert werden darf als eine Veränderung oder gar Verstellung der Dinge. Und ferner: ob Erscheinen als *Gewußtsein* den ursprünglichen Erscheinungs-begriff bedeutet. Woher wissen wir denn darum, daß das Er-scheinen die Dinge selbst verändere? Können wir denn das erschienene Seiende mit dem Seienden, unabhängig von seinem Erscheinen, vergleichen? Stehen wir denn irgendeinmal über unserem Erkenntnisbezug, um die „adaequatio rei atque intellectus" prüfen und beurteilen zu können? Offenbar nicht. Aber woher wissen wir denn von einem Ansichsein des Seienden? In allem menschlichen Verstehen von Seiendem spielt ein seltsamer ontologischer Grundbegriff eine entscheidende Rolle. Wir denken die Selbstheit, entwerfen sie für jegliches, was ist. Dieser Gedanke der Selbstheit (griechisch: des »AUTO«) aber ist Dynamit.

8

ERSCHEINEN ALS ANSCHEIN UND ALS VORSCHEIN

Um die Frage nach dem Erscheinen des Seins vorzubereiten, versuchen wir ins Klare zu kommen darüber, wie Seiendes erscheint. Aber dies anzugeben, scheint doch nicht schwierig. Jedem von uns ist es bekannt. Das Erscheinen von Seiendem braucht nicht herbeigeschafft zu werden, um ein Thema einer Erforschung und Untersuchung abzugeben; wir müssen nicht, wie sonst oft in der Wissenschaft, erst mühselig erkunden und zur Gegebenheit bringen, was bestimmt werden soll. Das Erscheinen von Seiendem umgibt uns immer; wir sind darein versetzt. Die Situation des Menschen ist wesentlich dadurch bestimmt, daß uns immer, solange wir sind, Seiendes erscheint. Zwar sinken wir Nacht für Nacht in den Schlaf: die Sinne erlöschen, gehen zu, das Bewußtsein schwindet, wir verlieren nicht bloß die äußere Umwelt; auch die Innerlichkeit des ichhaften Erlebens wird gewissermaßen zunichte; nur dunkel und unzusammenhängend flackern im Traume bunte, phantastische Trümmer von Bildern in uns auf. Im Schlafe entgehen wir uns selbst, fällt die Ichheit von uns ab. Aber wir wissen, daß auch, während wir schlafend in den bewußtlosen Lebensgrund zurücksinken, das Erscheinen des Seienden uns umsteht. Sobald wir erwachen, finden wir uns imitten des erscheinenden Zudrangs. Es ist also keineswegs ein seltenes Ereignis, daß uns Seiendes erscheint. Vielmehr geschieht ständig und unablässig solches Erscheinen. Bekannter als irgend ein einzelnes und besonderes „Phänomen" ist das Phänomensein des Seienden. Von unserem Menschsein ist das fortwährende Erscheinen der umweltlichen Dinge und unserer selbst für uns gar nicht ablösbar. Wir sind, was wir sind, in der Situation des Versetztseins inmitten der

Erscheinung des Seienden. Wir haben nie das Seiende so, wie es
unabhängig von seinem Erscheinen ist; wir haben es nur *in*
seinem Erscheinen. Aber wenn so das Erscheinen das Aller-
bekannteste ist, das Lebenselement, in dem wir leben, weben
und sind, so ist es damit noch nicht das Erkannte. Gerade seine
„Nähe" und „Abstandlosigkeit" verschwiert den Einblick.
„Erkennen" setzt immer schon eine gewisse Distanz voraus,
ein Entgegenstehen des Erblickten. So sehen wir ja auch zunächst die sichtbaren Dinge im Licht, und erkennen nicht das
Licht als das vorgängige Medium des Sehens und Gesehen-
werdens, nicht als das – wie Platon sagt – „Joch", welches
Auge und Farbe verbindet und vorgängig so zusammenschließt,
daß damit eine Bahn des Schauens und Erschautseins eröffnet
wird. Der Fisch *im* Wasser hat das Wasser zunächst gar nicht
gegenständlich; er bewegt sich darin in einer Selbstverständlichkeit, die ihm diese natürliche Dimension seines Aufenthaltes gar
nicht spürbar macht. In ihr findet er seine Gegenstände: die
Beute, den Artgenossen und alle die Dinge der Fischumwelt.
Erst wenn die Welle ihn auf den Strand wirft und er auf dem
Trockenen zappelt, geht ihm in der Not der Entbehrung das
heimatliche nasse Element auf. Das *Medium*, worin ein Leben,
ein Verstehen sich aufhält und das als solches zunächst gerade
nicht erlebt und verstanden wird, ist eine Struktur von fundamentaler philosophischer Bedeutsamkeit. Das Erscheinen von
Seiendem ist das Medium, in das der Mensch als Mensch versetzt
ist, die allzu selbstverständliche Atmosphäre seines irdischen
Aufenthaltes. In ihr bewegen wir uns in jeglichem Bezug zu den
Dingen, im praktischen Umgang ebensosehr wie in der theoretischen Erkenntnis.

Aber was ist denn dieses Erscheinen von Seiendem? Schon
die Frage hat ihre Bedenklichkeit. Denn ist uns einmal aufgegangen, daß wir jedes Seiende, von dem immer wir unmittelbar sprechen, nur durch das Erscheinen vermittelt erhalten, –
daß also das *Sein von Dingen im Erscheinen* sich bezeugt und
ausweist, dann stocken wir bei der Frage, wie und was solches
Erscheinen sei. Kann man denn das „Sein" der Dinge vom
Erscheinen her bestimmen wollen und zugleich nach dem *Sein
des Erscheinens* fragen? In welchem Sinne wird dann überhaupt
das Wort „sein" gemeint? Ist es nur ein logischer Gebrauch, also

der formelle Seinsbegriff der Kopula im Aussagesatz? So sprechen wir sogar das „Ist" aus über das Nichts und sagen: das Nichts *ist* die schlechthinige Vereinung alles Seienden. Hier bedeutet das „ist" doch offensichtlich kein vollgültiges Sein, sondern fungiert als Hilfsmittel sprachlicher Bestimmung des in sich nichtigen Nichts. Die Frage nach dem *Sein des Erscheinens* ist keine solche, die auf eine formell-logische Bestimmbarkeit abzielt. Sie ist ernster und radikaler gemeint. Es gilt, die Seinsweise des merkwürdigen und rätselhaften Geschehens, das sich als Erscheinen von Seiendem ereignet, denkend zu bestimmen. „Erscheinen" fassen wir als einen *Vorgang* auf, als eine Begebenheit, – allerdings als einen Vorgang, der sich ständig begibt, solange überhaupt Menschen und Dinge im Bezug stehen, gleichgültig ob dabei die Dinge selber ruhen oder sich bewegen. *Die Bewegtheit des Erscheinens eröffnet allererst Ruhe und Bewegung des Seienden.* Nun ist allerdings mit der Auffassung des Erscheinens als einer „Bewegung" ein doppelter Ansatz des Problems offensichtlich vorgezeichnet. Bewegung wird gemeinhin verstanden als Bewegung *von etwas oder an etwas*. Das Gestirn zieht seine Bahn, der Regentropfen fällt, die Ameise krabbelt im Gras, der Baum wächst, der Mensch hantiert mit Werkzeugen, die Götter regieren die Welt. Vielfältig sind die Dimensionen und Spielräume der Bewegungen. Nicht nur die Dinge im ganzen bewegen sich, auch an den Dingen bewegt sich mancherlei. Sie nehmen zu und ab, sie verändern sich im Lauf der Zeit. Die Bewegung des Erscheinens von Seiendem wird gewöhnlich zu verstehen gesucht dadurch, daß man sie sozusagen verankert und festmacht entweder *im Menschen* oder in den *Dingen*. Das Erscheinen wird dann entweder vom *Vorstellen* des Menschen oder vom *Vonsichselbstheraufgehen* des Seienden her gedeutet. Erscheinen *ist* einmal, *weil der Mensch vorstellt*, - dann, *weil die Dinge sich von sich aus zeigen*. Der Grund des Erscheinens wird so in eine *innerweltliche* Realität verlegt. Aus dem Verhältnis zweier Dinge (des Menschen und des ihm gegenständlichen Seienden) entspringt nach der traditionellen Auffassung der Vorgang des Erscheinens.

Hier melden wir einen entschiedenen Vorbehalt an. Läßt sich das Erscheinen wirklich verstehen aus einer Bewegung von innerweltlich-Seiendem – oder muß hier eine Bewegung gedacht

werden universaler, weltdurchwaltender Art? Eine Bewegung,
welche nicht mehr fixiert ist in den Dingen, sondern alle Dinge
durchströmt und be-dingt? Diesem Problem versuchen wir nun
auf den Leib zu rücken. Dem natürlichen Bewußtsein am
nächsten liegt wohl die Auffassung: die Dinge erscheinen, sofern
wir sie gewahren, vorstellen, mit ihnen umgehen. Ihr Erscheinen
ist das Hereinragen in den menschlichen Erlebnisbereich. Sie
kommen bei uns vor und wir bei ihnen; und dieses Zusammensein
ist ein von uns gewußtes, erfahrenes, erlebtes. Unser Erleben
nimmt die Dinge vorerst so hin, wie sie sich geben, wie sie sich
zeigen. Wir leben im Vertrauen, daß sie so sind, wie wir sie erleben. Natürlich kennt man die gelegentlichen Enttäuschungen,
kennt die Vorkommnisse trügenden Scheins und dgl. – aber
solche Enttäuschungen renken sich wieder ein, und zwar durch
neue Erfahrungen, denen wir wiederum trauen. Im Erscheinen
gibt sich uns das Seiende kund in einer vertrauenswürdigen Weise.
Dieses Zutrauen zum Phänomen bildet gleichsam unseren
Lebensboden. Und wo im einzelnen und gelegentlich Phänomene
als Truggebilde entlarvt werden, geschieht die Entlarvung ja
nur wieder durch neue, gültigere Phänomene. Es ist eine relativ
späte Reflexionsstufe des Lebens, wenn die skeptischen Motive
überhandnehmen, wenn gerade beim Sichzeigen der Dinge gefragt wird, ob diese durch ihr Erscheinen nicht sich verbergen.
In der ursprünglichen Lebenssituation des Menschen ist das
Vorstellen und das Ansichsein noch nicht auseinandergefallen
und entzweit. Vielmehr ist das Vorstellen der Zugang zum
Ansichsein der Dinge. Die Dinge sind an sich einzig das, was
sie für uns sind. Erst die Reflexion fixiert sozusagen das Vorstellen auf der einen und das Ansichsein auf der anderen Seite.
Die Reflexion bedeutet so den Lebenszerfall der ursprünglichen
Innigkeit der Beziehung des Menschen zum umgebenden
Seienden. Das Vorstellen stellt sich selber vor. Das erkenntnis-
kritische Räsonnement hebt an. Erscheinen der Dinge wird
jetzt interpretiert von dem sich selbst fixierenden Vorstellen her.
Erscheinen ist Vorgestelltsein, – gewissermaßen das Betroffensein
vom Strahl des subjektiven Erkenntnislichtes. Der einzelne
erkennende, vorstellende Mensch hat nur einen kleinen, be-
schränkten Umkreis von Seiendem, das ihm originär erscheint,
– aber er ist in einem komplizierten System mittelbarer Erkennt-

nisse mit den Erfahrungen der Mitmenschen verflochten; jeder hat auf seine Weise Anteil am Vorstellungsraum der Menschheit. Seiendes erscheint in dem genauen Ausmaße, welches dem gesamten, intersubjektiv verflochtenen Vorstellen der Menschheit entspricht. In einer verminderten Form erscheint es auch im Vorstellen des Tieres – und noch geringer im Lebensgespür der Pflanzen. Dem Seienden stößt es zu, in den Lichtkegel des Vorstellens zu geraten. Das Erscheinen von Seiendem gibt es überhaupt nur, weil unter dem Seienden vielfältiger Artung auch solches vorkommt, das durch die Fähigkeit des Vorstellens ausgezeichnet ist.

Bei dieser Auffassung hat das Erscheinen einen letztlich zufälligen, kontingenten Charakter. Es ist zum Sein des Seienden selber nicht notwendig. Seiendes kann erscheinen, muß aber nicht. Nur sofern Seiendes zum Gegenstande eines Vorstellens „wird", ereignet sich das Erscheinen. Das Erscheinend-sein ist nicht ein konstitutiver Charakter des Seienden als solchen. Das Faktum der Erscheinung hängt offenbar am Faktum der menschlichen Existenz, genauer des menschlichen Vorstellungsvermögens. Aber, wird man bei einigem Nachdenken fragen, liegt es denn ganz und ausschließlich in der Macht des Menschen, ob und inwieweit Seiendes zum Erscheinen gelangt? Natürlich ist der Mensch auf die Dinge angewiesen, kann nicht sein ohne sie, er braucht sie als Speise, als Trank, als Atemluft, als Schauplatz seines Lebens, als Material seiner Arbeit und als Gegenstand seines Genusses und seiner Betrachtung. Die Angewiesenheit des Menschen auf die umweltlichen Dinge nötigt ihn, die Kraft seines Vorstellens, welche Seiendes zum Erscheinen bringt, einzusetzen. Es vermag nicht zu bestehen ohne Betätigung des Vorstellens. Es ist also nicht seinem Belieben überlassen, ob er Dinge zum Erscheinen bringt oder nicht. Und überdies gehört das geistige Vermögen gerade zu seiner spezifisch menschlichen Natur, die er ja ausleben muß. Sofern also Menschen existieren, geschieht im Umkreis des menschlichen Lebensfeldes immer ein Erscheinen. Der Mensch gleicht einem Licht in der Nacht, – er ist die lodernde Fackel inmitten der Weltnacht, – er bringt die Dinge zum Aufglänzen in seinem endlichen Bezirk. Aber ist solcher Aufschein von Seiendem im Menschenland nur erwirkt durch die vom Menschen ausgehende

Bewegung des Vorstellens? Ist das Vorstellen die Bewegung des belichtenden Ausgriffs auf die Dinge? Nun sagt man wohl, die Dinge müssen von sich her das Vorgestelltwerden zulassen, müssen vorstell*bar* und erkenn*bar* sein. Auch bei ihnen selber liegen Bedingungen für das Erscheinen, nicht beim Menschen allein. Aber die Dinge tun nichts, sagt man gewöhnlich. Sie verharren untätig bei dem Prozeß des Erscheinens, mögen sie an ihnen selbst ruhig daliegen oder sich in wilder Bewegtheit befinden. Auf das Erscheinen hin gesehen sind sie ,,passiv". Erscheinen geschieht mit ihnen, ohne daß dies eine Eigenbewegung bei ihnen ist. Sie werden gewissermaßen vom Licht des Menschengeistes angeleuchtet. Aber sie sind von sich her dagegen völlig gleichgültig. Das Vorstellen geht sie nichts an, – sie lassen es zu, weil es sie in ihrem Sein selbst nicht betrifft.

Diese Anschauung wird als der unreflektierte Standpunkt des natürlichen Bewußtseins bezeichnet, als der sogenannte ,,naive Realismus". Das Erkennen und Vorstellen zeigt die Dinge erscheinend, wie sie sind. Das Vorstellen ist eine Bewegung, welche vom Subjekt, vom Ich ausgeht und auf die Dinge ausgreift, aber sie dabei nicht angreift, nicht verändert und verwandelt. Das Erscheinen wird so verstanden als Lichteffekt des menschlichen Vernunftlichtes über den Dingen. Wir haben bereits auf die kritischen und hyperkritischen Denkmotive hingewiesen, welche das Erscheinen, gerade sofern es vom Vorstellen her begriffen wird, als einen Vorgang auszulegen suchen, bei dem sich etwas wie eine Trennwand zwischen den Menschen und die Dinge an sich schiebt. Je mehr das Vorstellen selber fixiert wird, desto fragwürdiger wird es in seiner erschließenden Kraft. Man versucht das Phänomen von dem zu unterscheiden, wovon es Phänomen ist. Die Bedenklichkeit steigert sich in einer sogenannten ,,erkenntnistheoretischen" Interpretation der Seinsweise des Erkennens. Zuerst wird dieses genommen als ein dem Ding von außen zustoßendes, aber es selbst nicht störendes Geschehen – etwa im Modell der Belichtung; Erkennen bleibt ein der Sache selbst äußerliches Tun, das allein dem Subjekt angehört. Dann aber befürchtet man im Zuge einer Durchforschung des menschlichen Erkenntnisvermögens, das Erkennen könnte vielleicht gar nicht das glasklare Medium sein, um die Dinge zu zeigen, wie sie an sich sind, – es könnte einen eigenen

Brechungswinkel in sich haben, eine eigene Färbung, es könnte
die Dinge „verändern" und unter anthropomorphen Bedingungen erscheinen lassen. Der Riß zwischen dem Seienden und
seinem Erscheinen ist jetzt noch breiter geworden; man zweifelt,
ob es überhaupt möglich sei, Dinge an sich zu erkennen. Und die
äußerste Stufe solcher Erkenntnistheorie bildet dann der
prinzipielle Agnostizismus, der auf die Unerkennbarkeit der
Dinge schließt, weil wir sie erkennen, und auf die Unzugäng-
lichkeit des Seienden schließt, weil es „erscheint". Hier schleicht
sich die Auffassung ein, das menschliche Vorstellen habe den
seinsmäßigen Charakter des *Ver*stellens. Es blockiere gewissermaßen durch sich selber den Zugang zum Seienden. Das alles
sind keine spitzfindigen, abstrakten „Theorien", denen nur eine
gewisse literarische Bedeutung in der Philosophiegeschichte zukäme; hier melden sich Grundmöglichkeiten des Bezugs des
Menschen zum Seienden, inmitten dessen er sich befindet. Wenn
die genannten Argumente auch weitgehend einem sterilen
Räsonnement angehören, so haben sie doch einen paradig-
matischen Rang. Es zeigt sich nämlich an ihnen, wie unent-
wickelt und primitiv das ontologische Verständnis gerade jener
ursprünglichen Beziehung ist, welche den Spielraum des Erscheinens von Seiendem im Umkreis des Menschen angibt. Die
Eröffnetheit des menschlichen Daseins für das vielfältige und
vielgestaltige Sein der umweltlichen Dinge wird abgestellt auf
das „Vorstellen", dieses wird als eine Bewegung gedeutet, welche
vom Menschen ausgeht und auf die Dinge übergreift; der
Charakter dieser Bewegung wird als ein „Tun" gefaßt, das
wiederum zuerst als ohnmächtiges Tun genommen wird, welches
den Dingen nichts antut, sie läßt, wie sie sind, – dann aber als
ein veränderndes, bearbeitendes und zuletzt als ein verstellendes
und verfälschendes Tun bestimmt wird. Die „Erkenntnis-
theoretiker" erbauen sich in steigender Raffiniertheit selber
das Gefängnis, aus dem sie nicht mehr herauskommen. Das
philosophisch Unzulängliche liegt bereits in den groben und
plumpen Gedanken über Bewegung, mit denen sie das Vorstellen als eine Art von subjektiver Bewegung auslegen, – in
entscheidenderem Sinne aber im Versuch, das Erscheinen des
Seienden als einen *ontischen Vorgang* zu interpretieren. Das
Erkennen – so seufzt man in manchen Tonarten – komme nicht

an das Sein der Dinge, nicht an ihr Insichstehen heran. Gerade weil der Mensch nur *von außen* auf die Dinge zudringen könne, vermöchte er es nicht, sie in ihrem „Selbst" zu erfassen. Und wenn er noch so komplizierte Methoden anwenden wollte, noch feinere Instrumente erbaute, so könne er doch nie seine Außenstellung zum Ding überspringen. Das „Selbst" des Dinges entzöge sich ihm um so mehr, je gewalttätiger er die Apparatur seines Zugriffs konstruiere.

Wenn man nun die Gegenfrage stellt, woher wissen wir denn überhaupt von einem *Selbst* des Dinges, so kann gewiß nicht geantwortet werden: „aus der Erfahrung". Im Gang des Erfahrens finden wir manche Bestimmungen des Dinges, Bestimmungen, die sich uns erschließen im Sichzeigen der Sache, in ihrem Erscheinen. Aber das „Selbst" der Sache, von dem man sagt, daß es immer sich uns entzöge, ist kein Fund der Erfahrung. Woher wissen wir denn also von dem, bei dem unser Erfahren niemals ankommt? Ist das „Selbst" ein Vorurteil, ein Aberglauben, eine Legende? Gibt es denn ein Selbst in jedem Seienden, welches sich im Erscheinen nicht ausgibt? Gewiß! Aber das wissen wir nicht aus dem Erfahren, überhaupt nicht aus dem Vorstellen, – vielmehr ist dies ein jeder Erfahrung vorauslaufendes Wissen um den Bau der Dinge, ein Apriori der Dingheit. Wenn der erkenntnistheoretische Agnostizismus argumentiert, das menschliche Erkennen komme an das innere Selbst der Dinge nicht heran, so spottet er seiner selbst und weiß nicht wie; – denn er macht in der Argumentation Gebrauch, wenn auch einen primitiven Gebrauch, von einem ontologischen Vorverständnis des Dings überhaupt. Ein solches Vorverständnis aber ist nicht ein ruhiger Besitz der menschlichen Vernunft. Wir nannten den apriorischen Gedanken von der Selbstheit alles Seienden „Dynamit". Seine Sprengkraft erweist sich in der unaufhörlichen Unruhe unseres Geistes, der bei keinem Erscheinen der Dinge Genüge findet und sich immer von der Unerreichbarkeit des Selbst in den Dingen überholt weiß. Wir wissen apriori, daß alle Dinge „selbsthaft" sind. Das bedeutet nicht, alle haben ein bewußtes und sichwissendes Selbst, ein Selbst in der Form des „Ich", – wohl aber alles und jedes Seiende ist auf sich selbst bezogen, ist in sich verhalten und durch diese Verhaltung besondert, „für sich" abgegrenzt, ist *ontisch* in sich reflektiert. Jedes Ding ist nicht bloß „eines", sein Einssein ist auf sich bezogen, es hat sich in sich gesammelt. Und weil jedes Seiende ein einshaftes und selbsthaft auf sich bezogenes ist, unterscheidet es sich nach „Kern" und „Schale", nach „Innerem" und „Äußerem", nach Wesentlichem und Unwesentlichem, nach Bleibendem und Wechselndem, und nach Sein und Erscheinen. Jedes Ding ist ein einzelnes. Die Vereinzelung ist das wesentliche Schicksal aller endlichen Dinge. Jedes Ding ist ontologisch einsam. Sofern Dinge existieren, ist das *Sein bereits gebrochen*, – zerrissen und aufgeteilt, durchzogen von Grenzen, von Umrissen des Aussehens aufgesplittert in viele Bezirke washaften Seins, – ist es als Sein von Seiendem. Die Endlichkeit der Dinge aber wird nicht in dem Verlaufe unseres Erfahrens erst entdeckt. Das Wissen um sie durchherrscht *im Vorhinein* den Gang unseres Vorstellens. Das menschliche Vorstellen ist auf die Fremdheit von anderem Seienden bezogen. Vorstellen spielt zwischen zwei einander fremden Dingen. Und wenn das Vorstellen wesentlich *auch* Selbstbewußtsein ist, so kann das menschliche Selbstbewußtsein nie von der Verklammerung mit fremdbezüglichem Wissen befreit werden. Der Deutsche Idealismus hatte den Versuch einer solchen Befreiung gemacht und alles gegenständliche Wissen in Selbstbewußtsein auflösen, bzw. als eine Entfremdungsgestalt des Selbstbewußtseins erweisen wollen. Aber indem er die Fremdheit des Seienden gegen das erkennende Subjekt leugnete, mußte er das Moment der Fremdheit gerade im Subjekt selber ansetzen, als die Tendenz der Selbstentfremdung. Wenn das Erscheinen der Dinge für den Menschen begriffen wird im Ausgang vom menschlichen Vorstellen und dieses als eine Bewegung gedeutet wird, welche der Mensch tuend und tätig vollzieht, so muß das Moment des *Selbstseins* in allem Seienden entscheidend beachtet und gewahrt werden. Weil sowohl der vorstellende Mensch, als auch das vorgestellte Seiende beim Ereignis des Erscheinens je in sich selbst bleiben und ihre Fremdheit gegeneinander nicht aufheben, gewinnt das Erscheinen den prinzipiellen Charakter des *Anscheins*.

Was soll das bedeuten? Im menschlichen Vorstellen gewinnt jede Sache einen Anschein; sie sieht für uns so oder so aus. Im Lichte unseres Vorstellens zeigt sie sich in einem Aussehen. Ein bestimmter Anschein kann trügen, aber der Trug wird als

solcher nur einsichtig in einem neuen, gültigeren Anschein der
Sache. „Anschein" besagt also nicht schlechthin nur trügerisches
Aussehen, sondern überhaupt das Aussehen von Seiendem für
uns. Das Ding hat sich in seinem Selbst verschanzt und zeigt
uns nur mehr oder weniger gültige Anblicke. Es wird uns offenbar, soweit es vom Licht unseres Vorstellungsvermögens an-
geschienen wird. Weil aber solches Anscheinen der Dinge
durch die Menschenvernunft grundsätzlich immer nur von *außen*
kommen kann, können wir überhaupt nur einen Anschein von
Seiendem erfassen und festhalten. In einer solchen These
schwingt hintergründig aber doch immer ein Wissen mit darum,
daß das fremde Seiende, dem wir vorstellend begegnen, in seinem
Anschein für uns nicht aufgeht, sich nicht erschöpft in der
Vergegenständlichung, die wir ihm antun, – daß es sein Selbst
behält. Dieses Wissen um das Selbstsein des Seienden aber
stammt nicht aus dem Anschein und kann sich auch darin nie
zeigen.

Aber vielleicht wissen wir noch viel mehr vom Seienden selbst,
und auch so, daß wir dieses Wissen nicht aus unserem Vorstellen
aufnehmen, vielmehr dabei je schon „voraussetzen". Die Selbst-
deutung des menschlichen Erkenntnisvermögens gebraucht in
vielen Wendungen das Bild des „Lichtes"; man spricht vom
„lumen naturale", spricht vom „erhellen", „erklären", „ein-
leuchten" usf. Die Vernunft wird als ein Licht bezeichnet, welches
die Dinge bescheint. Vorstellen, Erkennen ist offenbar „licht-
hafter" Natur. Aber ist es das ursprüngliche Licht selbst – oder
hat es nur in einer wesentlichen Weise einen Bezug zum Licht?
„Licht" nehmen wir jetzt nicht im Sinne etwa der physikalischen
Lichttheorie, nicht als ein Objekt der Naturwissenschaft. Wir
nehmen es als den *ganzen weiten Bereich, worin überhaupt
Seiendes erscheint*, als das „Offene", in dessen Helle jegliches, was
ist, Umriß und erblickbare Gestalt hat. Damit weisen wir hin
auf einen ganz andersartigen Begriff von Erscheinen, der nicht
ein „Vorgestelltsein" besagt. Wir nennen ihn den *Vorschein*. Um
deutlich zu machen, was damit gemeint ist, sprechen wir zunächst ganz naiv, ganz fern von jeder Erkenntnistheorie. Aber
wir sprechen dabei wiederum nur ein merkwürdiges Wissen aus,
das wir vom Seienden haben. Das „Seiende" – was nennen wir
so? Die Menschen, die Bänke im Hörsaal, die Stadt draußen mit

ihren Häusern und Straßen und Fahrzeugen, die Landschaft, die flimmernden Sterne des Firmaments. All das *ist zum Vorschein gekommen*, all das *ist versammelt in der umfangenden Einheit eines großen Anwesens*, und jedes Einzelding darin hat seine eigene Figur, seinen Ort und seine Weile – und ist bei aller Besondertheit doch hineinverflochten in das Gewirk des Wirklichen, das im ganzen aufscheint. Auch jetzt verstehen wir das *Erscheinen als eine „Bewegung"*, – aber sie entspringt nicht im vorstellenden Subjekt, sondern in jedem Ding. Das Seiende geht von sich selbst her auf, wenn es erscheint, zum Vorschein kommt. Die Dinge selber vollziehen die Bewegung des Erscheinens, sie rücken ein in ihren endlichen Umriß, zeigen sich in einer bestimmten Gestalt. Sie gehen auf ins Offene, kommen heraus aus einer dunklen Verborgenheit – etwa wie die Blumen aufgehen aus dem bergenden Schoße der Erde und heraustreten in den Tag und dort ihre leuchtenden Farben wehen lassen im Winde der Wiesen. Wenn Persephone wiederkehrt nach winterlicher Brache, erscheint im Frühlingsprangen der Flur unzähliges Leben, geschieht ein Aufgang tausendfältiger Art. Jede Geburt ist ein Hervorgang ins lichte Anwesen. Zum Sein von Seienden gehört in einem schwer bestimmbaren Sinne das Zum-Vorschein-kommen im Land der Unterschiede, das Aufgehen im alles versammelnden, aber auch gliedernden Anwesen. Sofern Seiendes zum Vorschein kommt, stellt es sich immer auch dar, – hat es nicht bloß ein *selbstbezogenes*, sondern auch ein *sich darbietendes Sein:* ist es *in sich*, indem es gerade *zugleich für anderes* Seiendes ist. Es ist für jedes andere Seiende, mag dieses vorstellend sein oder nicht. Indem ein Ding zum Vorschein gekommen ist im Offenen des allumfangenden Anwesens, ist es immer eins unter anderen – und ist damit allen anderen dargeboten. Es bleibt nicht verschlossen in sich, es äußert sich notwendig. Es ist, was es ist, indem es sich zugleich behält, in sich verschließt, und äußert und darbietet. Es ist nicht allzu schwer, das Vonsichselbstaufgehen der Dinge, ihr „Vorscheinen" in einer gewissen intuitiven Art ahnungshaft zu verstehen, in poetischen und mythischen Gleichnissen das Hervorkommen aus dem dunklen Grunde und das Einrücken in bestimmtes Aussehen zu benennen, – aber schwierig ist es, hier die rechten *Begriffe* zu finden. Denn was hier gedacht werden muß, ist das Erscheinen als Geschehnis der Vereinzelung, – ist der „Blitzschlag" der Lichtung, der alles Endliche in das Gepräge seines Wesens schlägt – gemäß dem herakliteischen Spruch TA DE PANTA OIAKIZEI KERAUNOS – „das Weltall aber steuert der Blitz" (Frg. 64, Diels). Das Seiende kommt zum Vorschein – nicht zufällig und gelegentlich wie dort, wo das Erscheinen vom menschlichen Vorstellen her gedacht wird. Das Seiende scheint an ihm selbst, – das Erscheinen ist nicht von ihm abzutrennen oder abzuziehen, es macht vielmehr gerade wesentlich sein Sein mit aus.

Wenn aber das Seiende ständig scheint, dh. im Vorschein ist, dann müßte sich doch dieses Erscheinen am Seienden feststellen lassen. Man müßte darauf hinweisen können, es als eine ontische Bewegung aufzeigen können. Aber das gerade gelingt nicht. Bewegungen, die an und mit Dingen geschehen, können wir doch in der Regel ebenso wahrnehmen und feststellen wie verharrende Zustände. Die meisten Dinge sind immerzu in Bewegung. Gewiß, extrem langsame oder extrem schnelle Bewegungen fassen wir nicht auf, höchstens durch komplizierte, indirekte Messungsmethoden. Aber allgemein gilt: das Seiende ist uns in seiner Bewegtheit vertraut. Aber stoßen wir dabei je auf die Bewegung des „Erscheinens"? Wir gebrauchten das Bild von der aus dunklem Erdreich aufgehenden Blume: sie hebt sich aus dem Verborgenen herauf ans Licht, so zwar, daß sie sich dabei mit ihren Wurzeln in den Boden verkrallt – und in dem selben Maße in den Grund zurückgeht, wie sie ihm entsteigt. Doch kann das nur ein *Symbol* sein für den Aufgang der Dinge aus dunklem Seinsgrund in den lichten Tag des Erscheinens. Keineswegs haben wir an der Blume den Vorgang des „Zum-Vorschein-kommens" selber als ein Phänomen gegeben. Der Blumensamen im Boden ist ebensosehr bereits ein vereinzeltes Seiendes wie die entfaltete Blume, die aus ihm herauswächst. Der Erdboden ist selber ein großes Ding, aus dem Sand, Kies, Steine abstückbar sind. Der Boden ist Erdrinde, erkaltete Kruste eines Sterns. Die Vereinzelung hat alles schon durchmachtet, was überhaupt im weiten Kosmos vorhanden ist. Und wenn wir jede Straße abschritten, fänden wir nie etwas, was nicht bereits *erschienen* ist, träfen wir nie die den Dingen einheimische Bewegung des Vorscheinens als Phänomen an. Aber ist deswegen der Gedanke nichtig und vergeblich, der von einem Erscheinen

des Seienden als Aufgang ins weltweite Anwesen spricht? Trügt
das Symbol der Blume – oder trägt es, wenn wir nur ursprünglich
genug denken? So wie die Blume aufgeht aus dem gestaltlosen
Grunde und aufglänzt am oberirdischen Tag, so steigen alle
endlichen Dinge aus der gestaltlosen, abgründigen Nacht des
Seins herauf, kommen in Umriß und Gestalt zum Vorschein im
Felde des Anwesens – und fallen wieder zurück, wenn die Zeit
sie erschöpft hat, ins Unerschöpfliche. *Wo* aber ist sie denn, diese
,,Nacht" des Seins, die Schoß und Grab aller Dinge ist? Nirgends
können wir sie finden in den weithinschimmernden Horizonten
von Raum und Zeit. Aber es ist die ungeheure *ontologische
Bedeutung des Menschentodes*, daß er hinzeigt auf das unfaßliche
,,Nichts", aus dem alles ins Erscheinen gelangt und in das es
aus dem Erscheinen wegsinkt.

9

ENS-VERUM-PROBLEM
BEIM ANSCHEIN UND BEIM VORSCHEIN. –
„SEIN UND WISSEN" UND „SEIN UND LICHTUNG"

Der Begriff des „Erscheinens" hat sich uns in *zwei* Bedeutungen
auseinandergelegt, die wir terminologisch als „Anschein" und
„Vorschein" fixiert haben. Das Seiende erscheint – im Sinne des
Anscheins –, wenn irgendwelche innerweltlichen Dinge zu Vor-
stellungsgegenständen eines mit Vorstellungskraft begabten
Seienden werden, vornehmlich des Menschen. Das Gegenstandsein eines Seienden ist sein Erscheinen; es gerät sozusagen in den
Lichtkegel eines vorstellenden Lebewesens. Das Licht, in welchem
es „erscheint", kommt ihm von außen her zu, es ist „ange-
schienen", beleuchtet vom Erkenntnislicht. Gewiß müssen die
Dinge von sich her darauf hin angelegt sein, in den Lichtkreis
eines erkennenden Wesens eintreten zu können; sie müssen be-
lichtbar, müssen „intelligibel" von Hause aus sein. Die Erkenn-
barkeit muß offenbar als ein Grundzug im Sein der Dinge selber
schon vorausgesetzt werden. Damit ist aber noch nicht entschieden, daß die Dinge gänzlich dem menschlichen Erkennen
offenstehen, daß sie völlig durchdringbar sind. Es könnte immer
noch sein, sie zeigten dem erkennenden Menschen nur einen
geringen Teil, eine Oberfläche, ein Außenwerk und hielten sich
in der Fülle ihres Wesens ihm gerade entzogen und verborgen.
Vielleicht lassen sie sich nur soweit von uns fassen und ver-
gegenständlichen, um unsere unendliche Neugier zu erregen, mit
der wir gegen sie vorgehen und vordringen – und mit der wir sie
doch nie erschöpfen. Und wenn wir im Siegeszug der neuzeit-
lichen technischen Wissenschaft immer neue und wunderbarere
Geheimnisse der „Natur" entrissen haben und ungeheuere
Kräfte zu entfesseln wissen, so bleibt doch die Frage, ob hinter
der erhellten Zone unserer Naturerkenntnis nicht Dimensionen

bleiben, die uns unzugänglich sind. Lang, mühselig und beschwerlich ist der Geschichtsweg des Menschengeschlechts von der primitiven Lebensfristung der Steinzeit bis zur hochkomplizierten technischen Lebensapparatur des modernen Daseins. Aber mit den Augen eines „Gottes" gesehen mag vielleicht dieser „Fortschritt" nicht allzuviel bedeuten. Die technische Herrschaft über Naturkräfte, die heute das Selbstgefühl des Menschen am meisten bestimmt, ist am Ende nur die Weise, wie die Natur ihren gefährdetsten Geschöpfen das Leben als Ausleben ihrer Eigenart gönnt, – ein Spiel, das sie uns verstattet und in welchem nur wir von der außerordentlichen Wichtigkeit der gespielten Rolle überzeugt sind. Zugvögel müssen wandern, Raubtiere müssen jagen – und der Mensch muß seine Spur über die Erde ziehen, muß die Wildnis zerstören, muß erkennen, bearbeiten, verändern. Er macht die Dinge zu Gegenständen seines Vorstellens und zum Material der Arbeit. Das Seiende erscheint im Strahlungsbereich menschlichen Vernehmens. Erscheinen in diesem Sinne gibt es nur, sofern der Mensch ist. *Wenn* er vorkommt inmitten der Dinge, dann ereignet sich ein vielgestaltiges Erscheinen, ein Aufleuchten von Seiendem mannigfaltiger Art im menschlichen Vorstellungsfeld. Aber die Existenz des Menschen ist nicht notwendig. Jedenfalls ist seine „Notwendigkeit" nicht unmittelbar einzusehen. Er ist *ein* Seiendes unter vielem und vielartigem Seienden, – ist ein Naturgeschöpf neben zahllosen anderen Naturgeschöpfen. Weil es ihn gibt und weil er mit Vorstellungs- und Erkenntniskraft ausgestattet ist, deswegen geschieht im Lebensumkreis des Menschen ein unablässiges Erscheinen von Seiendem. Das Erscheinen hängt ab vom Faktum, daß der Mensch ist, – und hat also die gleiche Kontingenz wie der Mensch selber. Daß Seiendes erscheint im Sinne des Anscheins, ist vom Seienden selber her gesprochen nicht notwendig. Das Seiende ist, was und wie es ist, – gleichgültig, ob es erscheint oder nicht. Das Vorgestelltwerden und Gegenstandsein macht ihm an ihm selbst nichts aus. Es kann ihm widerfahren, vergegenständlicht zu werden, – aber es muß nicht geschehen. Nur solche Dinge, die seinsmäßig durch ein Vorstellungsvermögen bestimmt sind, zu deren Ausstattung Erkenntniskraft gehört, nur solche müssen sich und ihre Umwelt vorstellen. Nur bei ihnen gehört das Vorgestelltsein (im Selbstbewußtsein) zu ihrem Sein selber. So wenigstens wird das Wesen des „Anscheins" zunächst aufgefaßt. Das Erscheinen, sagt man, gehört nicht zum Sein der Dinge selbst. Die Erscheinung der Dinge wird von den Dingen selbst als unterschieden gehalten, – wird aufgefaßt als ein kontingentes Faktum, das einzig am Faktum des irdischen Vorhandenseins von Menschen als erkennenden Wesen hängt. In der Betätigung des Erkenntnisvermögens bewirken die Menschen dieses Erscheinen. Vom Menschen geht eine Bewegung aus, die Bewegung des vorstellungshaften Belichtens umgebender Dinge, – die Bewegung des Wissens. Sie gehört eigentlich nur dem Subjekt an, bezieht sich zwar auf die Dinge als Gegenstände, aber bedeutet keine reale Bewegung an den Dingen. Man nimmt an, das Ding bleibt, was es ist, und verhält sich in seinen eigenen Bewegungen völlig davon unberührt, ob es wahrgenommen, erkannt, gewußt wird oder nicht. Das Wissen ist ein der Sache äußerlich bleibendes Verhältnis, gehört zu den ganz zufälligen Umständen der Sache. Sein und Wissen sind jeweils nur in dem an sich zufälligen, kontingenten Erkenntnisakt verbunden, haben keine notwendige Beziehung aufeinander. Natürlich gibt man zu, daß jeder Wissensakt auch „ist", nämlich die Seinsweise des Subjektes hat, – aber man nimmt nicht an, daß jegliches, was ist, einen notwendigen Bezug zum Wissen hat. Zu jedem Wissen gehört Sein, aber nicht zu jedem Sein Wissen. Das Wissen ist im Kosmos letztlich zufällig. Es gibt es, spärlich verstreut. Aber es besteht keine Notwendigkeit dafür, daß Wissen als das vorstellungsmäßige Erscheinen von Seiendem überhaupt vorkommt. Man kann sich ohne Schwierigkeiten eine Natur denken, in der es keine denkenden, keine vernünftigen, vorstellenden Naturgeschöpfe gibt. Naturgeschichtlich setzen wir ja ungeheure Zeitperioden vor dem Auftreten des Menschen auf der Erde an. Als die Erde zu erkalten begann und eine Kruste bildete, geschahen doch offensichtlich tektonische Vorgänge, die keinen wahrnehmenden Zeugen hatten. Damals war das Sein der Dinge ohne einen Bezug zum Wissen. Und auch in den Sternwolken jenseits der Reichweite unserer Teleskope *ist Seiendes*, geschehen Naturbegebenheiten, die wohl nie gesehen und gewußt werden.

Aber indem wir das aussprechen und das „Sein" so weit über das „Wissen" hinausrücken, machen wir ja gerade einen still-

schweigenden Gebrauch von einem merkwürdigen Wissen um
das Sein. Wir leben in der seltsamen Erwartung, daß *überall
und allezeit irgendetwas ist*, in den fernsten Zeiten und in den
entlegensten Räumen. Das braucht nicht bedeuten, daß Raum
und Zeit dicht mit Dingen erfüllt wären, – aber wenn auch die
Sterne in ungeheuere Abstände zerstreut sind, so sind sie doch
durch Kräftefelder mit einander verbunden. Das „Ist" durch-
schwingt den ganzen Kosmos. Aber das haben wir doch nie
wahrgenommen, erfahren. Kein Sterblicher hat je den Kosmos
überblickt und in allen Weltgegenden das Sein von irgendetwas,
sei es Ding oder Kraftfeld, festgestellt. Woher wissen wir, daß
überall und allezeit irgendetwas ist? Müßten wir uns nicht be-
schränken auf das Feld unserer Erfahrung, auf den Bereich des
Wahrgenommenen, erkenntnismäßig Ausgewiesenen? Müßte
nicht Jeder ausgehen von seinem individuellen Erlebnisbereich,
von der Insel des originär Wahrgenommenen, also von dem, was
man mit eigenen Augen gesehen und mit eigenen Ohren gehört
hat usf? Und dann die Erweiterungszonen beachten, welche
durch die Übermittlung fremder Erkenntniserwerbe in mannigfaltigen Formen der Mittelbarkeit sich herstellen? Aber in einer
solchen bedachtsamen Erwägung wird gerade der Unterschied
fragwürdig, der diese Erwägung leitet. Woher wissen wir denn
von einem Sein der Dinge, dem das menschliche Erkennen nur
„äußerlich" bleibt? Von wo aus sprechen wir, wenn wir die
Zufälligkeit des wissenden Menschen und damit die Kontingenz
des Erscheinens des Seienden behaupten? Wir sprechen doch aus
der Erkenntnissituation heraus: *für uns*, die vorstellenden Wesen,
gibt es den „Unterschied" des *Seienden an ihm selbst* und des
Seienden für uns, – für uns gibt es die Zufälligkeit des Wissens
und für uns gibt es die weltweite Ausbreitung des Seins von
irgendwelchen Seienden. Sobald man aber einmal diese Rück-
verweisung des „subjektunabhängigen" Ansichseins des Seienden
auf das Subjekt gesehen hat, von dem es „unabhängig" ist,
wird man unwiderstehlich in den Wirbel eines Problems hinein-
gerissen, in dem die Sicherheit des unmittelbaren natürlichen
Lebens ins Wanken kommt. Vor allem der feste, fixe Unterschied
des weltweiten Seienden „an sich" und der kleinen kosmischen
„Insel" des für den Menschen „gegenständlichen" Seienden verliert seine verläßliche Festigkeit. Das Seiende ist auf das Wissen

bezogen – nicht nur, sofern und soweit es *zum Gegenstande* wird in einem vorstellenden Tun des menschlichen Subjekts, sondern auch, sofern es nicht zum Gegenstande wird, sofern es aller Vergegenständlichung vorausliegt. Das Seiende ist auch in seinem *Ansichsein* gewußt. Aber wie? Nicht gewußt, als was und wie es in seinen konkreten faktischen Bestimmtheiten ist, denn solches kann nur in der *Erfahrung* aufgehen. Aber es ist in seiner *Erfahrbarkeit*, in seiner prinzipiellen Intelligibilität, gewußt – und zwar im vorhinein gewußt, vor aller Erfahrung. Solches Wissen nennt man mit dem philosophischen Kunstausdruck das „apriorische Wissen". Umfang, Dignität und Bedeutung des apriorischen Wissens wird im Laufe der Geschichte der Philosophie mannigfaltig charakterisiert und es gibt manche Theorie, um die Möglichkeit des apriorischen Wissens zu erklären.

Was wissen wir *vor* aller Erfahrung vom Erfahrbaren? Wenn wir in der vorstellenden Vergegenständlichung des Seienden, also in dem Vollzug der Erfahrung, Bestimmungen der Gegenstände aufnehmen und fixieren, so bewegen wir uns dabei im vorhinein in einer „allgemeinen Kenntnis" der *Arten* der Dinge, – wir kennen die Grundbereiche, die „Regionen", aus denen her uns Seiendes bestimmter Typik begegnet; wir kennen das leblos Vorhandene (die unbeseelte Natur), dann die lebendige Natur, das Pflanzenreich, das Tierreich, das Menschenreich. Solche Kenntnis läßt sich schwer präzisieren und selber in gegenständlicher Bestimmtheit fixieren. Sie läuft dem gegenstandsbezogenen Erfahren gleichsam wegbereitend und felderöffnend voraus; sie ermöglicht das Erfahren, sofern es die Gegend bereitstellt und vorgibt, in der Gegenstände antreffbar werden. Wie Lebendiges beschaffen ist, welche Organismen es gibt, darüber kann uns nur die Erfahrung belehren. Aber nie entnehmen wir der Erfahrung die allgemeinste Kenntnis des Lebendigen. Diese müssen wir je schon haben, um überhaupt Lebendiges und Lebloses auseinanderhalten und methodisch gesondert erkennen zu können. „Apriori" sind wir mit den Grundarten des Seienden vertraut. Wir kennen aber so nicht nur den Stil der Dinge, die es von Natur aus gibt, wir kennen auch den Stil desjenigen Seienden, das aus der menschlichen Freiheit entspringt: wir kennen im vorhinein Geräte, Werkzeuge, Gebrauchsdinge und kennen die Gebilde sittlicher Lebensgestaltung. Nur weil wir solches in

seinem Möglichkeitstypus vor-verstehen, können wir werkend
„erfinden" und politisch uns „verfassen". Das Apriori ist nicht
ein ausschließliches Apriori der Naturerkenntnis, der Natur-
erfahrung, es ist immer auch ein Apriori der „Sittlichen Welt"
des Menschen. Doch damit ist die Dimension des apriorischen
Vorverstehens noch keineswegs ausgeschöpft. Unsere Vorkennt-
nisse beziehen sich nicht auf die *arthafte* Gliederung des Seienden
nur, sie gehen auch auf die Dingheit der Dinge, auf die kategoriale
Struktur der Dinge – und dies wiederum so, daß der strukturelle
Bau des *Erfahrungsgegenstandes* vorverstanden ist, d.h. die
Dingheit als Erscheinung. Und zugleich damit leben wir auch
in einem Vorverständnis des *Dinges als solchen*, des Dinges,
unabhängig von unserem Erfahren. Wir machen „apriori" den
Unterschied von Ding in sich selbst und Ding im Verhältnis zu
unserem Vorstellen. Das apriorische Wissen des Menschen ist
nicht auf das Feld und auf den Zusammenhang der Erfahrung
eingeschränkt. Wir existieren immer in einem Wissen um das
Seiendsein der Dinge, das wir vom Gegenstandsein apriori unterscheiden. Es wäre natürlich absurd zu behaupten, das ungegen-
ständliche „Ansichsein" könnte jemals „erfahren" und damit
zu einem Gegenstande gemacht werden. Aber wir *wissen* darum.
Und ebenso wissen wir um die *weltweite Ausbreitung des Seins
von Seiendem* apriori, auch wenn wir, der Einzelne wie das
Menschengeschlecht, davon immer nur einen winzigen „Ausschnitt", eine kläglich kleine binnenweltliche „Insel" wirklich
erfahren und erkennen. Wenn auch das menschliche Erfahrungs-
wissen vom Seienden, mögen alle Schätze der Wissenschaften
noch so hoch aufgetürmt sein, im ganzen nur eine kümmerliche
Ecke des Universums trüb und dämmerhaft ausleuchtet, – wenn
im großen Haushalt der Natur, in welchem unsere Erde nur ein
belangloser, winziger Wandelstern im galaktischen System ist,
das menschliche Erkennen und seine Wissenschaften fast ein
„Nichts" bedeutet, so *weiß* eben der Mensch um diese „Nichtigkeit", – er weiß, daß das Sein der Dinge uns unermeßlich übertrifft, in unseren „fassenden Gefäßen", in unseren Kategorien
und Begriffen nicht ausschöpfbar ist, – daß das Feld der Gegenstände nicht die vollständige Gegend des Seienden selber ist.
Nietzsche drückt diese Gedanken in einer schroffen, bildstarken,
den menschlichen Stolz ins Gesicht schlagenden Weise aus im

ersten Satze der kleinen Schrift über Wahrheit und Lüge im
außer-moralischen Sinne (1873): „In irgendeinem abgelegenen
Winkel des in zahllosen Sonnensystemen flimmernd ausge-
gossenen Weltalls gab es einmal ein Gestirn, auf dem kluge
Tiere das Erkennen erfanden. Es war die hochmütigste und
verlogenste Minute der 'Weltgeschichte': aber doch nur eine
Minute. Nach wenigen Atemzügen der Natur erstarrte das
Gestirn, und die klugen Tiere mußten sterben … So könnte
jemand eine Fabel erfinden und würde doch nicht genügend
illustriert haben, wie kläglich, wie schattenhaft und flüchtig,
wie zwecklos und beliebig sich der menschliche Intellekt innerhalb der Natur ausnimmt. Es gab Ewigkeiten, in denen er nicht
war; wenn es wieder mit ihm vorbei ist, wird sich nichts begeben
haben …". Aber unterscheidet dies nicht gerade den Menschen
entscheidend vom Tier, daß er die Geringfügigkeit seiner Er-
kenntnismacht weiß? Das Wissen um sein „geistiges Elend"
macht gerade seine „geistige Größe" aus. Das Tier lebt im arthaft
gebundenen Umweltgefüge, – es kümmert sich nicht um solches,
was „jenseits" seiner Erlebniswelt liegt. Nur der Mensch ist das
verrückte Lebewesen, das über seinen Lebenskreis hinaussinnt,
das sich kümmert um das „Seiende an sich", – dem das Erscheinen von Seiendem zu einem beunruhigenden Problem werden kann. Sofern über alle faktischen Erfahrungsgrenzen hinaus
um das nicht-erfahrene, nicht-vergegenständlichte Seiende an
ihm selbst *gewußt* wird, ist *alles Seiende als solches* einem Wissen
verbunden. Das *ens ist als ens ein verum*. Sein und Wissen
gehören zusammen – allerdings in einer merkwürdigen und
schwer faßlichen Weise. Es heißt keineswegs, daß jedes Seiende
als Seiendes ein erkanntes sei im Sinne des Erfahrenseins. Nur
von einem winzigen und geringfügigen Ausschnitt der Dinge
kann dies behauptet werden. Erfahrenwerden verstehen wir als
ein Ereignis, das gelegentlich irgendwelchen Dingen passieren
kann, aber sie selber nicht seinsmäßig bestimmt. Weitaus das
Meiste von dem, was in der Welt ist, kommt nie zu einer Erfah-
rungsgegebenheit für den Menschen, bleibt unserem vorstellenden Zugriff entzogen. Solche Entzogenheit aber ist nicht ein
Sachverhalt nur, – *wir wissen um sie*. Gerade sofern wir die
Begrenztheit unseres Erfahrungsfeldes wissen, wissen wir auch
um die Weltweite des Seins von Dingen. Im Hinblick auf das

apriorische Vorverstehen, das nicht bloß als Kenntnis der Wesenheiten der Dinge die Erfahrung ermöglicht, sondern vor allem auch über die Erfahrung im ganzen hinausdenkt und das Ansichsein des Seienden voraussetzt, muß die Gleichung von ens und verum begriffen werden. Das besagt: wir existieren in einem Vorverständnis eines sonderbaren Zusammenhangs von *Sein – Wahrheit – Welt*. Diesen problematischen Zusammenhang haben wir jetzt anvisiert im Verfolg der Frage nach dem *Verhältnis von Sein und Wissen*. *Sein* und *Wissen* aber wird in seinem Bezug fraglich, wenn das Erscheinen des Seienden interpretiert wird als „*Anschein*", d.h. als vorstellungsmäßige Vergegenständlichung.

Das Erscheinen kann aber auch, wie wir schon sagten, in einem *anderen Sinne* genommen werden, im Sinne von „*Vorschein*". Dann ist das Erscheinen nicht eine Begebenheit, die der Sache gleichsam von außen angetan wird; sie wird nicht „erkenntnismäßig" beleuchtet und beschienen. Ihr Erscheinen ist vielmehr ihr Eigenstes. Es gehört zu ihrem Sein, ist der fundamentale Seinsvollzug des Seienden an ihm selber. Das Seiende erscheint, sofern es zum Vorschein kommt. Nicht wird es von einer fremden Bewegung betroffen wie im Erkanntwerden, es vollzieht die Bewegung des Erscheinens als ein Hervorkommen. Seiendes erscheint, indem es sich von ihm selbst her entbirgt. Im Entbergen geht es auf. Um der im Begrifflosen noch schwingenden Rede von Erscheinen als von-sich-selbst-her-Aufgehen und sich-Entbergen eines Seienden Bestimmtheit zu geben, greift man wohl zunächst zu Modellen. *So, wie* Gewächse aufgehen aus dem Schoß der Erde oder das Kind aus dem Mutterleib, so gehen alle endlichen Dinge, alles Begrenzte und Umrissene, aus einem dunklen, gestaltlosen, chaotischen „Grunde" auf. „Woraus aber den endlichen Dingen das Entstehen, dahinein ist auch ihr Vergehen gemäß der Nötigung; denn sie zahlen als selbsthafte einander Strafe und Buße für ihre Ungerechtigkeit nach dem Geheiß und dem Maß der Zeit" – steht als gedankenschwerer Spruch des Anaximanders in der ersten Frühe des abendländischen Denkens. Sein als *Endlichsein von Seiendem* ereignet sich im Aufscheinen, im Zum-Vorschein-kommen. Im Deutschen sprechen wir von „Vorkommen" und meinen damit das Bestehen, das „Existieren". Dieses und jenes kommt vor.

Es gibt mancherlei „Vorkommnisse". Das, was ist, wird so irgendwie zurückbezogen auf einen „Hervorgang", auf ein Herauskommen, ein Sichentfalten und Sichzeigen. An allen Gewächsen des Großen Wachstums, an allen Geschöpfen der Natur, an allem Lebendigen kann man sicherlich dieses Moment der Selbstentfaltung, des Sichentwickelns herausheben. Aber das Modell versagt bei dem leblosen Stoff, bei den stofflichen Einzeldingen und bei den großen stofflichen Elementen. Was kann es heißen, ein Stein erscheint im Sinne des Aufgehens. Er kann entweder auf der Erde herumliegen oder im Erdboden stecken. Er kommt doch nicht so zum Vorschein, daß er dabei sein Erscheinen vollzieht. Er entfaltet sich nicht. Und ebenso gehen Land und Meer und Luft und Feuer nicht auf, sie sind der nächste Schauplatz für das Zum-Vorschein-kommen mannigfaltiger Einzeldinge von der Seinsart des Lebendigen. Aber sie selber kommen doch nicht von ihnen selbst her zum „Vorschein".

Aber am Ende meint die Rede von Vorschein etwas Ursprünglicheres als nur die Selbstentfaltung von Lebewesen, anderes als die Prozesse der Entwicklung und Reifung. „Aufgehen" der Dinge wird nicht allein verstanden als eine Auswicklung aus einem Keimzustand, sondern als ein Hervorkommen ins „Licht" als ein Heraustreten aus einer Verborgenheit und Eintreten in eine Entbergung. Die Dinge erscheinen, indem sie im Licht zum Vorschein kommen. In welchem Licht? Ist damit die physikalisch bestimmbare Helligkeit des Tages gemeint? Sicherlich gibt es viele Dinge, welche das Tageslicht brauchen und suchen, Pflanzen und Tiere (wenn auch nicht alle). Aber man kann doch wohl nicht schlechthin sagen, daß alles endlich-Seiende von sich selbst her im Tageslicht zum Vorschein kommt. Das Tageslicht kann zu den Lebensbedingungen vieler Lebewesen gehören, aber es ist doch nicht die Stätte, wo jegliches Erscheinen von Seiendem geschieht. Der Aufglanz der Dinge im Sonnenlicht ist eine bestimmte objektive Situation von Dingen *auf* der Erdoberfläche. Aber die Erzader im Berg, der Maulwurf im Boden, die Frucht im Mutterleib – sie sind nicht weniger „wirklich" als der Adler in lichtdurchfluteter Höhe. Und Dinge am Tag, deren Umrisse wir unterscheiden, sind nicht wirklicher als dieselben Dinge in der Umhüllung des nächtlichen Dunkels. Die Eule in stockfinsterer Nacht kommt genau so gut vor wie die Eidechse, die sich auf warmem Steine sonnt. Die irdischen Dinge sind in den Wechsel von Helle und Dunkel eingetaucht – sie sind nicht seiender im Glanz als im Schatten. Helle und Dunkel durchspielen in rhythmischer Abwechslung die Dimension des „Offenen", – den Zwischenraum zwischen Himmel und Erde, in den wir versetzt sind und mit uns die vielen Dinge unserer Umwelt. Wir Menschen leben sozusagen an der Grenze, wo das Offene sich vom verschlossenen Grunde scheidet, wo sie einander berühren und doch auseinandertreten. Hier ist der Wohnort des Menschen. Von Erscheinen sprechen wir wohl in einem Sinne, wenn aus dem Erdgrund etwas entsteigt oder herausgehoben wird. In der verschlossenen Erdtiefe als solcher geschieht kein Erscheinen; sie behält gewissermaßen alles Einzelne in sich ein, läßt es nicht in einen Abstand zu anderem treten. Nur was sich aus dem dichten, alles in eins drängenden Grunde heraushebt, was davon abgestückt wird wie ein Stein oder sich herausgliedert wie ein Berg oder wie die Gewächse, Tiere und Menschen, kommt in dem offenen Feld zum Erscheinen, tritt in das *durchlässige Medium* von Luft und Licht ein, in welchem die Dinge Umrisse und Abstände gegeneinander haben.

Doch muß man auch jetzt wieder sagen, daß Erscheinen, genommen als Eingang von Dingen in das Luft-Licht-Medium über der Erde und unter dem Himmel, nicht das Von-ihmselbst-her-Aufgehen des Seienden bedeuten kann. Und doch ist dies das älteste Gleichnis für das Erscheinen im Sinne des „Vorscheins". Eine ursprüngliche Symbolgewalt hat das „Offene" des Himmels und die „Verschlossenheit" der Erde für das Gegen- und Zu-Einander der Weltdimensionen des Seins. Was wir in der vorphysikalischen Erfahrung, etwa der bäuerlichen Erlebniswelt, „Himmel" und „Erde" nennen, ist ein weisendes Zeichen. Aus dem Liebes-Spiel von URANOS und GAIA läßt der Mythos der Griechen alle Dinge aufgehen und in ihr Wesen erscheinen. Aber Himmel ist dann nicht das physikalisch aufgefaßte Firmament und Erde nicht die Erdtiefe im geologischen Sinn. „Himmel" ist das *Seinslicht*, in welchem alles endlich Seiende aufscheint und sein Gepräge erhält, und „Erde" ist die *Seinsnacht*, der ur-eine, all-eine Abgrund des Gestaltlosen, dem alle Gestalten entsteigen und in den alle Gestalten vergehen. Je strenger wir diese Gedanken zu denken versuchen, desto „unfaßlicher" werden sie uns. Lauert da nicht die Gefahr, uns an eine pseudo-mythische Schwarmgeisterei zu verlieren und die Bestimmtheit des Begriffs preiszugeben in einer Nacht, in der – um ein Hegel-Wort zu variieren – nicht nur „alle Kühe schwarz" sind, sondern das reine Nichts haust?

Das kann vorerst nicht entschieden werden. Wir sind ja erst dabei, uns deutlicher zu machen, was man wohl philosophisch denkt, wenn man von einem „Erscheinen" des Seienden *als* „*Aufgehen*" spricht. Das Zum-Vorschein-kommen haben wir abgesetzt gegen das Vorgestelltwerden. Hier soll es nicht um eine Bewegung gehen, welche bestimmte Dinge von einem vorstel-lungsbegabten Ding erleiden. Im Vorschein denkt man eine *Eigen-bewegung* von Dingen, einen ihnen selbst angehörigen Seinsvollzug. Die Dinge „gehen auf" – aber sie sind nicht zuerst und gehen dann auf, sondern *sie sind einzig, indem sie aufgehen*. Erscheinen, als Vor-schein gedacht, ist nicht etwas, was mit den Dingen auch noch pas-siert; dieses Erscheinen ist gerade ihr Sein. In der Metapher ge-sprochen: die Sonne ist nicht zuerst einmal und dann scheint sie und erscheint sie, sie ist einzig in ihrem Scheinen das, was sie ist. *Die Dinge sind erscheinend.* „Aufgang" ins Erscheinen ist nur eine andere Wendung für das Sein endlicher Dinge. Aber diese Wendung spricht in eine bestimmte Richtung, sie ver-sucht den allzu leicht nur leer gedachten Begriff des „Ist" in einem volleren Geschehen zu denken. Fels und Sand, Meeres-welle und Wind, Baum und Strauch, Vogel und Fisch, Mann und Weib, Haus, Tempel, Waffe, Stadt und Staat – all dergleichen ist so, daß es sich *entbirgt*, anderem endlichen Seienden zeigt und darstellt. Das Erscheinen ist *Hervorkommen in die Lichtung*, welche alles vereinzelte Seiende versammelt und umfängt. Und sofern Erscheinen ein Entbergen, ein Sich-Enthüllen endlicher Dinge im Umriß und in Grenzen ist, ereignet sich immer ein *Wahrsein. Jedes* Seiende – vom Vorschein her gedacht – ist ein Wahres: omne ens est verum. Solches Wahrsein aber kommt ihm nicht von einem anderen Seienden, von einem Subjekt her zu und gehört ihm nicht zu-fällig an. Vielmehr muß, wenn das Sein der endlichen Dinge als Vorscheinen begriffen wird, das Wahrsein, die Entborgenheit, zum Wesen jedes Seienden über-haupt gehören. Endlichsein ist Entborgensein. Der Gesamtbereich, wo solches Sichselbstentbergen der endlichen Dinge geschieht, ist die kosmische Weite von Raum und Zeit.

Auch hier finden wir wiederum eine merkwürdige Verklammerung der Begriffe: Sein – Wahrheit – Welt. Vom Vorschein her stellt sich das Problem des Zusammenhangs dieser drei Grundbegriffe sicherlich anders als vom Anschein her. Aber sind dies „getrennte" Probleme, die nichts miteinander zu tun haben? Oder ist es am Ende notwendig, das bislang Unterschiedene in einer ursprünglicheren Weise zusammenzudenken? Das Grundverhältnis von *Sein und Wissen* ist nicht ohne einen wesentlichen Bezug zum Grundverhältnis von *Sein und Lichtung*. Man mag sich vergegenwärtigen, daß ein „Erkennen" der Dinge durch ein menschliches Subjekt nur möglich ist, wenn zuvor der erkennende Mensch und das erkennbare Ding bereits „aufgegangen", zum Vorschein gekommen sind. Viel schwerer ist es aber, einzusehen und zu begreifen, ob das Zum-Vorscheinkommen alles Endlichen einen inneren, notwendigen Bezug hat zum menschlichen Wissen. Wieweit gehört das *Gewußtsein* aller Dinge mit in das Wesen des Seins – wie gehört der Mensch ihm zu? Die Weltstellung des Menschen wird nicht zuletzt dadurch mitbestimmt, daß die *Selbst*entbergung der Dinge sich *ihm* wissensmäßig erschließt. Er ist der Mitwisser des ganzen Universums. Aber ist kein all-wissender Gott. Er ist das endliche Seiende, das die Last aller Endlichkeiten auf sich nimmt – einzig darum, weil er das Wesen ist, das um das Un-Endliche weiß.

Man könnte vielleicht den Eindruck haben, die von uns versuchte Unterscheidung zwischen „Anschein" und „Vorschein" sei eine müßige Spitzfindigkeit, – eine Subtilitätsübung, ein Begriffsstreit. Die Frage nach dem Erscheinen des Seienden werde so unnötig kompliziert. Aber es handelt sich hier um den Unterschied philosophischer Grunderfahrungen vom Wesen des Seins, der Wahrheit, der Welt. Die *antike* Metaphysik war vor allem bestimmt von dem Ansatz, daß „Erscheinen" das Vonihm-selbst-her-Aufgehen des Seienden ist, das Einrücken in die Lichtung eines weltweiten Anwesens, inmitten dessen der Mensch seinen Stand hat und allem begegnet, was ist: dem Land, vom Meer umflutet, den Göttern und Heroen, den Freunden und Feinden, den Gewächsen und Tieren. Die *neuzeitliche* Metaphysik dagegen gewann ihren eigentümlichen Boden im Erscheinen des

Seienden, das als menschliches Vorstellen geschieht. Damit wird nicht behauptet, daß in der antiken Philosophie nicht Wissens- und Bewußtseinsprobleme eine bedeutende Rolle spielten. Und ebenso verkehrt wäre es zu sagen, in der Neuzeit habe die Wahrheit nie den Sinn eines Sichselbstentbergens der Dinge. Doch ist klar zu erkennen, welche Grundauffassung jeweils trägt. Das Problem stellt sich jetzt für uns, das mühsam einigermaßen Auseinandergehaltene in ein echtes Spannungsgefüge zueinander zu bringen. Die ungeheuerliche Macht des menschlichen Wissens, das die Neuzeit durchherrscht, muß vielleicht mit dem antiken Verständnis zusammengespannt werden, das um die Flüchtigkeit alles oberweltlichen Weilens gewußt hat – und die Städte der Lebenden errichtete auf den Nekropolen.

DAS ERSCHEINEN ALS DAS ABSOLUTE MEDIUM.
ANSCHEIN UND VORSCHEIN IN DER MODELLVORSTELLUNG
EINER ONTISCHEN BEWEGUNG NICHT FASSBAR

Der Doppelsinn im Begriffe des Erscheinens von Seiendem
ist ein überaus schwieriges Problem. Es handelt sich dabei nicht
um eine künstliche Distinktion eines müßigen Scharfsinnes,
sondern um fundamentale Grundstellungen des abendländischen
Denkens zum Seinsproblem überhaupt. Das Seiende erscheint –
wir sind als die endlichen Menschen, die „Sein" dunkel und
dämmerhaft verstehen, je schon versetzt in das universelle
Erscheinen von Seiendem vielfältiger und doch analogisch ver-
bundener Art. Hier inmitten des unablässigen Erscheinens ist
der Weltaufenthalt des Menschen, ist der Ort seines Wesens.
Die ursprünglichste „Begebenheit", in der wir mit allem, was
ist, mit Himmel und Erde, mit Stein und Stern, mit Wolke und
Wind, mit Getier und Gewächs, mit Menschen und übermensch-
lichen Mächten verflochten sind, ist das Erscheinen. Durch es
allein und einzig in ihm haben wir jegliches Sein von Seiendem.
Aber was ist das Erscheinen, – was *ist* das, *wodurch* wir seiende
Dinge im weitesten Sinne haben? Haben wir das Sein der
Erscheinung auch im Erscheinen und als eine besondere
Erscheinung? Zunächst kann man wohl sagen, das Erscheinen
ist das alldurchwaltende Medium, worin alle Bezüge des Seienden
untereinander und auch zwischen den Dingen und dem Menschen
spielen, – es ist der Spielraum aller Bezüge überhaupt.

Wir haben schon auf die prinzipielle Bedeutsamkeit aufmerksam gemacht, die der Rolle des „Mediums" zukommt. Wir
kennen etwa Medien dinglicher Art, wie z.B. das Wasser für
den Fisch, oder die Atemluft für uns. Kennzeichnend ist dabei,
daß man sich in dem Medium bewegt, in ihm auf dieses oder
jenes bezogen ist, aber gerade nicht auf das Medium als solches

bezogen ist. Es ist das Feld, die Dimension, worin die Bezüge
spielen; aber auf diese Dimension wird nicht geachtet, solange
man sich „in" ihr bewegt. Der Fisch kann dem Element, worin
er heimisch ist, entrissen werden, – Rauch und Qualm können
uns die Atemluft nehmen. Dann wird das Medium, worin man
sich bewegte, im Entzug deutlich und spürbar. Oder ebenfalls ein
Medium ist das Licht, in dem unser Sehen sich aufhält. Wir
sehen im Licht die farbigen Dinge. Das Licht ist das, wodurch
wir hindurchsehen, ist das Durchschaute, nicht das Erschaute,
es ist das Medium des Sehvorganges, worin das Sehen sich auf
das Farbige bezieht. Aber beim Lichte kennen wir doch die
Möglichkeit, auf es selbst zu achten. Das Licht einer kleinen von
Dunkelheit umstandenen Helle, etwa ein Feuer in der Nacht,
wird gesehen wie eine Art von glänzendem Ding. Und ferner
kennen wir den rhythmischen Wechsel von Tag und Nacht, also
ein Kommen und Gehen des Lichtes. Es hebt sich dabei als es
selber heraus. Von einem „Medium" sprechen wir aber auch
dort, wo ein Menschentum einer Geschichtsepoche sich in
Grundvorstellungen bewegt, die ihm so selbstverständlich sind,
daß es sie gar nicht zu fixieren vermag. Jedes Zeitalter hat so
vielleicht einen Inbegriff von Überzeugungen und Wertungen,
die seine sittliche Welt tragen und für die Menschen dieses Zeitalters gar nie thematisch werden. Erst für nachfolgende Zeitalter
wird die geistige Substanz, aus der die frühere Epoche lebte,
gegenständlich nennbar. Auch hier macht der Entzug erst das
frühere Medium des geschichtlichen Lebens aus einem „Worin"
zu einem „Woraufhin" der Beziehung. Es gibt aber solche
geistige Medien auch in der Weise, daß die „Selbstverständlichkeit", womit ursprünglich in ihnen gelebt wird, einmal bricht
– und es doch zu keiner Vergegenständlichung des Lebens-
mediums kommt. Z.B. der Mann lebt naiv selbstverständlich
in der männlichen Welt, auch in der Art, wie er die weibliche
Welt sieht. Und das Gleiche gilt von der Frau. Die Vorurteile
der je männlichen und weiblichen Optik bilden das uralte
Streitgespräch der Geschlechter. Aber auch die reflektierteste
Bewußtheit bringt es hier zu keinem Verlassen der männlichen
oder der weiblichen Erlebniswelt – höchstens zu einem Wissen
um die lebenslängliche Gefangenschaft in einer einseitigen
Art zu fühlen, zu empfinden, zu denken. Das Kind wächst aus

einer kindlichen Erlebniswelt in mannigfachen Metamorphosen
zum Erwachsenen heran, – hier findet ein Wandel von Lebens-
medien statt. Die genannten Beispiele für ,,Medien'': Wasser,
Luft, Licht, oder die ,,selbstverständliche'' sittliche Substanz
eines Volkes, die ,,Erlebniswelt'' des Mannes, des Weibes, des
Kindes usf., – all dies sind *ontische Medien*, d.h. Dimensionen
und Spielräume, die gewissermaßen selber als eine Art von
,,Seiendem'' gefaßt werden können, als eine Art von umgreifenden Dingen. Der eigentümliche Zug des ,,Mediums'' ist, daß es
,,vermittelt'', daß es zusammenspannt und dabei das jeweils
Zusammengespannte umgreift. Das Medium ist kein ,,Zwischen-
ding'', das als ein Mittleres zwischen den beiden Dingen stünde,
die es ,,vermittelt'', – es bildet die Dimension des ,,Zwischen'',
durch die hindurch die Dinge sich aufeinander beziehen. Das
Licht liegt nicht zwischen dem sehenden Auge und der gesehenen
Farbe, weder als Trennwand noch als Brücke, es vermittelt nicht,
indem es sich dazwischenschiebt, es vermittelt, indem es die
Dimension offenhält, worin Sehen und Gesehenwerden sich
abspielen. Aber in gewisser Weise läßt sich doch das Licht als
ein ,,Ding'' fassen und fixieren. Die ,,Dimension'' wird dann
als ein Seiendes, wenn auch von ganz besonderer Eigenart,
aufgefaßt.

Ist das Erscheinen von Seiendem nun in einem analogen Sinne
,,Medium'' wie Licht oder die kindliche Erlebniswelt? Alles
Seiende, von dem wir sinnvoll jemals nur sprechen können, ist
durch das Erscheinen vermittelt. Was aber ist das Wesen dieser
Vermittlung? Handelt es sich hier auch um ,,Dimensionen'', die
einer gewissen Vergegenständlichung fähig sind? Hier zögern
wir, gleich ja oder nein zu sagen. Vom Erscheinen des Seienden
reden wir doch und glauben auch, dabei etwas Bestimmtes zu
meinen, auf etwas zu achten, worin wir sonst uns allzu selbstverständlich bewegen. Aber ist das, was wir so zu einem Gegenstand des Denkens zu machen suchen, auch an ihm selbst in der
Weise eines selbständigen Seienden – analog wie das Licht?
Das Erscheinen des Seienden ist das *absolute Medium*. Das ist
einmal gesagt als Abgrenzung gegen alle relativen Medien. Ein
relatives Medium ist ein solches, das als Dimension einen Spielraum von Beziehungen zwischen Dingen bildet, aber im ganzen
selber auch ein ,,Ding'' ist, ein umgreifendes Ding, das in sich

ein System möglicher Beziehungen von Dingen offenhält. Das Erscheinen von Seiendem kann nicht selber noch von etwas Umgreifenderem umgriffen sein. Es ist das äußerste aller Medien. Zum anderen aber enthält der Begriff des absoluten Mediums einen Widerspruch in sich, – oder scheint ihn zu enthalten, solange man den Begriff des „Absoluten" in traditioneller Weise auffaßt. Zunächst bezeichnet das Wort „absolut" das Insichstehen eines Seienden, bezeichnet ein Ding, abgelöst von allen Beziehungen, herausgelöst aus der Verflechtung mit den anderen Dingen. Nun aber sind die endlichen Dinge nur das, was sie sind, eben im Bezugsgeflecht; sie hängen mannigfaltig von einander ab, sind relativ auf einander. Kein endliches Ding ist daher absolut, – abgelöst von allen anderen sich selbst genügend. Der Charakter des „Absoluten" wird in der metaphysischen Philosophie Gott zugesprochen, dem ens infinitum. Er ist in seinem Sein völlig sich selbstgenügend, er bedarf keines anderen Seienden, um zu bestehen. Er bezieht sich wesentlich nur auf sich. Als Schöpfergott aber steht er in einem Verhältnis zur geschaffenen Welt, – aber diese ist so schlechthin von ihm abhängig, daß sie gar nicht in einen wirklichen Eigenstand übergeht. Das Werkgebilde eines menschlichen Demiurgen steht nach der Verfertigung fertig da, abgelöst vom schaffenden Prozeß. Der Töpfer formt den Krug – und entläßt diesen in einen selbständigen Eigenstand. Das Werk der Menschenhand begrenzt seinerseits den Menschen, der es schuf. Der Schöpfergott, sagt man, wird nicht durch sein „Werk" begrenzt; er hat das weltlich Seiende aus dem „Nichts" gerufen – und diese Nichtigkeit hängt allem Geschaffenen an. Der creator wird nicht durch das creatum begrenzt oder beschränkt, – vielmehr bedarf das creatum einer creatio continua, um sich überhaupt nur zu erhalten. Das Verhältnis von Schöpfergott und „Welt" ist nicht ein Verhältnis zwischen zwei selbständig Seienden. Gott als das „Absolute" wird durch den Welt-Bezug nicht in seiner Absolutheit gestört. Er ist mit der Welt nicht vermittelt. So schließt der traditionelle Begriff des Absoluten den Gedanken der Vermittlung von sich aus. Dieser Begriff ist – ontologisch betrachtet – orientiert am Modell des insichstehenden Dinges. Dabei herrscht die Auffassung, daß Beziehungen nur etwas Nachträgliches bedeuten, – etwas, worein sich das selbständige Ding begeben kann. Das

Ding als Substanz geht jedem Verhältnis des Dinges vorher. Das PROS TI ist etwas an der OUSIA. Wenn wir nun das Erscheinen des Seienden als das „absolute Medium" bezeichnen, so deutet dies an, daß hier das „Verhältnis" nicht als etwas Nachträgliches gedacht werden soll, das zu irgendwelchen Dingen hinzukommt, sondern daß hier der Spielraum der Vermittlung das eigentlich Substanzielle ist. Das Seiende ist absolut vermittelt: das Seiende erscheint. Und der Ort des Menschen ist inmitten solchen Erscheinens. Aber es ist nun die wesentliche Frage, ob das Erscheinen dem Seienden zukommt als ein „äußerliches" Verhältnis oder mit innerer Notwendigkeit. Und ferner ist die Frage, ob es überhaupt dem Seienden zukommt, – ihm anhaftet und anhängt, oder ob das Erscheinen die absolute Dimension bedeutet, worin jegliches, was überhaupt ist, seien es die geringsten oder die höchsten Dinge, vorkommt. M.a.W. genügt es, das Erscheinen vom *Seienden her* zu begreifen, oder muß *aus dem Horizont des Erscheinens* das Sein aller endlichen Dinge bestimmt werden? Der uns beunruhigende Doppelsinn von Erscheinen verführt zu extremen Gegendeutungen in der Interpretation des Erscheinens von Seiendem. Wird das Erscheinen vom Vorstellen her gedacht, also als das Gewußtwerden und Gewußtsein von Dingen im Bewußtsein eines vorstellenden Wesens genommen, dann hält man, vor jeder philosophischen Reflexion, das Erscheinen für etwas, was den Dingen äußerlich ist. Sie geraten in den Lichtkreis eines menschlichen Vernehmens, werden Gegenstände eines Erkennens. Aber solche Vergegenständlichung geht sie selber im Grunde gar nichts an; sie sind dagegen gleichgültig. Es bedeutet schon ein Räsonnement, wenn das Gegenstandsein einer Sache von der Sache selbst unterschieden wird – und das ganze erkenntnistheoretische Reflektieren über „Ding an sich" und „Ding für uns" anhebt. Völlig anders wird das Erscheinen verstanden, wenn wir es als das Von-sich-selbst-her-Aufgehen des Seienden fassen. Dann ist es offenbar nicht etwas, was dem Seienden *dann und wann* zustößt, sondern was *immer* mit ihm geschieht. Die Dinge, sagt man dann, vollziehen ihr Sein, gerade indem sie anwesen, indem sie aufgehen in das Bestimmte eines Umrisses, indem sie sich als begrenzte und gestaltete, als ein Aussehen habende im Offenen zeigen. Sie kommen zum Vorschein, sie enthüllen, entbergen sich, stellen sich dar – und zwar jedes allen anderen, nicht bloß dem vorstellenden Menschen. Das Erscheinen ist so als der Seinsvollzug des Seienden selber angesetzt.

Wir sagten schon, daß in *beiden* Fassungen des Erscheinungsbegriffs eine Verklammerung von Sein, Wahrheit und Welt gedacht wird, nur jeweils in anderer Weise. Besagt „Erscheinen" soviel wie Vorgestelltwerden, so ist zunächst nur soviel vom Seienden selber „wahr" d.h. entdeckt und im menschlichen Erkenntnislicht stehend, wieviel davon „erfahren" ist. Der Erfahrungsbereich ist natürlich immer nur ein kleiner und geringfügiger „Ausschnitt" aus der Gesamtheit aller Dinge. Auch der intersubjektive, vergemeinschaftete Erfahrungsbereich bleibt trotz allen imposanten Anstrengungen menschlicher Wissenschaft eine winzige „Insel" im Universum. Wahrheit ereignet sich nur in lokaler Beschränktheit, im Umkreis der Erkenntnisreichweite des Menschen. Nicht jedes Seiende ist ein wahres, sondern nur wenige Dinge sind gelegentlich wahr. Aber im apriorischen Wissen weiß der Mensch darum, d a ß das Seiende weit über seine Erfahrungsreichweite hinausliegt und die *ganze Welt* erfüllt. Und sofern im apriorischen Wissen von jedem Seienden, gleichgültig ob es erfahren ist oder nicht, gewußt wird, daß es je *eines* und je *innerweltlich* ist, ist in diesem Sinne jedes Seiende überhaupt ein „wahres". Allerdings ist der dem Menschen zugängliche Erfahrungsbezirk zunächst und zuerst das Feld seines Lebens, seine „Umwelt". Aber er weiß zugleich, daß seine Umwelt nicht die ganze Welt ist. Der Erfahrungsbereich hat offene Horizonte, in die wir nicht mehr erkennend einzudringen vermögen. Gleichwohl ist es eine Notwendigkeit der menschlichen Vernunft, die Weltganzheit zu denken – oder doch den Versuch dazu zu machen. Daß hier außerordentliche Schwierigkeiten für die menschliche Vernunft bestehen, wenn sie im Ausgang vom innerweltlichen Feld des erfahrungshaft Gegebenen die umfangende Totalität des Weltalls denken will, hat Kant in der „Kritik der reinen Vernunft", in der Antinomie der kosmologischen Ideen, dargetan. Das Problem der Weltganzheit, *vom Wissen her* gestellt, wird zur Frage nach dem Sinn eines Universalhorizontes aller Erfahrung. Wird so die Welt als ein alles Erfahrene und Erfahrbare umgreifender Horizont interpretiert, wird sie selber damit zu einer Struktur, die letztlich am Menschen hängt, wird sie zu einer existenzialen

Struktur der menschlichen Existenz. Man könnte in verschärfter Zuspitzung sagen: Seiendes als *Gegenstand*, Wahrheit als *Erkanntsein* und Welt als *Horizont und Existenzial* gibt es nur, wenn der Mensch ist, wenn dieses seltsame Seiende aufwacht inmitten der ewig wirbelnden Dinge und das Licht seiner kleinen armseligen Vernunft leuchten läßt – wie eine Fackel in der Nacht.

Wird aber das Erscheinen des Seienden vom Vorschein her gedacht, vom Aufgehen der Dinge, so gehört die Wahrheit als Selbstentbergung den Dingen selber an – und zwar grundsätzlich jedem Ding. Omne ens est verum. Die Wahrheit der Dinge hängt dann nicht am erkennenden Menschen, sondern an ihnen selber; sie zeigen sich, stellen sich dar, kommen heraus in den Umriß ihrer Gestalt, erscheinen in einem Gesicht: sie tauchen gleichsam auf in der Helle eines gemeinsamen Anwesens. Und solche Wahrheit als Entbergung der Dinge selbst geschieht nicht vereinzelt und isoliert, sie geschieht in einem großen, umgreifenden Zusammenhang, geschieht als das Erscheinen der Dinge im Zeit-Raum der Welt. Kein Einzelding vollbringt sein Aufgehen anderswo als in räumlicher und zeitlicher Nachbarschaft mit anderen Einzeldingen. Wahrheit und Welt hängen, wenn man das Erscheinen als Aufgehen denkt, gewissermaßen an den Dingen. Anders also wird das Wesen von Wahrheit und Welt gedacht, wenn wir das Erscheinen vom Wissen her, anders wenn wir es vom Aufgehen her denken. Aber wie hängen diese beiden Denkweisen selber zusammen? Gibt es sie eben als zwei nebeneinander bestehende theoretische Möglichkeiten des Philosophierens, von denen man sich eine nach Belieben aussuchen kann? Wenn es zutrifft, daß die antike Philosophie Sein, Wahrheit, Welt primär vom Vorschein her, die neuzeitliche Metaphysik aber vom Anschein her denkt, so ist das nicht eine historische Abwechslung, sondern ein Wandel in der Grundstellung des Denkens, – ein Wandel, der nicht nur trennt, sondern auch zusammenschließt.

In der Philosophie Hegels ist in einer einmaligen, grandiosen Weise die Interpretation des Seins des Seienden sowohl vom Wissen, als auch von der Selbstentbergung her gedacht worden. Deswegen ist der tragende Grundbegriff seiner Philosophie die Bewegung. Nur aus dem Horizont der Bewegung werden die spekulativen Gleichungen von Sein und Nichts, von Wesen und

Schein, von Ansichsein und Fürsichsein begreiflich. Hegel wendet sich gegen das Bewegungsverständnis, wonach Bewegung etwas an oder mit einem Seienden ist. Für ihn ist die Bewegung nicht abkünftig von den Dingen, sondern umgekehrt: was wir Dinge, Substanzen und dgl. nennen, sind nur Haltepunkte einer Bewegung, Selbstfixation einer Schwingung, die setzt und ihre Setzungen ebensosehr wieder aufhebt. Indem Hegel aber die Bewegung ursprünglicher ansetzte als die Substanz, hat er gewissermaßen die Bewegung substanzialisiert, – sie als das Eigentlich-Seiende, als das Leben des Geistes, als Negation der Negation usf. bestimmt. ,,Die absolute Idee – sagt Hegel – als der vernünftige Begriff, der in seiner Realität nur mit sich zusammengeht, ist um dieser Unmittelbarkeit seiner objektiven Identität willen einerseits die Rückkehr zum Leben; aber sie hat diese Form der Unmittelbarkeit ebensosehr aufgehoben und den höchsten Gegensatz in sich..." (Logik, Die absolute Idee). Alle festen Dinge werden bei Hegel in die Bewegung des Begriffs hineingenommen und darin aufgelöst, – aber die absolute Bewegung, als welche bei ihm das Sein begriffen wird, bleibt *ortslos*. In der radikalen ontologischen Dialektik Hegels verschwindet das Weltproblem.

Kehren wir zu unseren einfacheren Fragestellungen zurück. Was ist das Erscheinen von Seiendem? Eine Antwort legt sich nahe, die sowohl dem Erscheinen im Sinne des Vorgestelltwerdens, als auch im Sinne des Aufgehens gerecht wird. Man kann sagen: Erscheinen in jedem Sinne ist eine *Bewegung*. Das eine Mal die Bewegung des Vorstellens, die vom Menschen ausgeht und die Dinge als Gegenstände betrifft, das andere Mal eine Bewegung in den Dingen selber, die Bewegung ihres Aufgehens und Sichentbergens. Aber was sind das für ,,Bewegungen"? So im Ungefähren mag man einen Sinn damit verbinden, – aber es ist ungemein schwierig, genauer zu sagen, was man denn hier mit ,,Bewegung" meint. Bewegungen kennen wir viele und vielerlei. Wir kennen die Bewegungsart des Leblosen, seine Bewegtheit bei Druck und Stoß, Fall und Wurf, kennen Bewegung von Lebendigem, Entstehen, Vergehen, Zu- und Abnehmen, Wachsen, Reifen, Welken usf.; wir kennen immaterielle Bewegungen des Gemütes, des Geistes, kennen seelische Prozesse, Triebabläufe, unterbewußte und bewußte Regungen usf.. Die mensch-

liche Seele gilt so als Bereich, in welchem immaterielle geistige
Bewegungen sich abspielen. Aber da stutzen wir schon. Wir
gewahren doch an und bei den wahrgenommenen Dingen, die
unsere Objekte sind, objektive Bewegungen: wir sehen die
Schneeflocken niederschweben, die Wolken ziehen, die Gestirne
kreisen, sehen die Veränderungen und den Wechsel allerorts an
den Dingen, – wir sehen aber auch Dinge verharren, stillstehen;
unbewegt ragen die Felsgebirge, ruhig bleibt das Haus, ruhig
auch die nach dem Arbeitsvorgang abgeschaltete Maschine. An
den Dingen finden wir den phänomenalen Unterschied von
Bewegtheit und Ruhe. Natürlich wissen wir, daß ein totaler
Stillstand kaum in irgendeinem Ding vorhanden ist, – daß
ständig unmerklich kleine Veränderungen sich begeben. Und
ferner wissen wir auch, daß nicht bloß Bewegtheit und Ruhe
sich abwechseln bei den Dingen, daß auch bei vielen Dingen
Ruhe und Bewegtheit eigentümlich miteinander verspannt und
verschränkt sind. Die Dinge beharren im Wechsel. Sie verändern sich, aber durch alle Veränderungen geht ein unver-
ändert Beharrliches hindurch. Doch was immer beharrt, ändert wenigstens sein Alter. In jedem neuen Jetztpunkt ist es,
auch wenn es sonst völlig gleich bleibt, zum mindesten „älter".
Aber das Älterwerden, das Kontinuieren durch die Zeit, ist
offenbar eine Bewegtheit ganz besonderer Art – und nicht mit
der Ortsbewegung, nicht mit dem Entstehen und Vergehen,
nicht mit dem Zu- und Abnehmen und auch nicht mit der gewöhnlichen Veränderung in eine Reihe zu stellen. Nun sagt man
wohl, das Wahrnehmen, das Vorstellen überhaupt, ist eine seelische Bewegung. Aber in dieser sind wir auf die Dinge, auf ihre
Ruhe oder Bewegtheit gerichtet. Wir betrachten z.B. ein ruhendes
Haus oder ein auf einem Flusse dahinfahrendes Schiff. Haus und
Schiff sind in der Zeit, das eine verharrend-ruhig, das andere in
Bewegtheit. Auch das Wahrnehmen von beidem braucht Zeit.
Das Wahrnehmen, sagen wir, ist ein Ablauf, eine Abfolge von
Wahrnehmungsphasen, auch eine Art von Bewegung. Also in
einer seelischen Bewegung nehmen wir dingliche Ruhe oder
dingliche Bewegung wahr.

Soweit ist das noch zu verstehen. Aber man sagt ja, daß das
Wahrnehmen nicht nur ein innerseelischer Prozeß sei, sondern
eine vom erkennenden Menschen auf die erkannten Dinge aus-

greifende Bewegung. Die Dinge werden vom Erkenntnislicht des
Menschengeistes „beschienen", „angeleuchtet". Aber stimmt
denn das? Ist das mehr als nur eine Verlegenheitsmetapher?
Greift wirklich eine Bewegung vom menschlichen Subjekt auf
die Dinge über, eine Bewegung, die wir eben „Erkenntnis"
nennen? Bewegtheit erblicken wir an den Dingen und erblicken
sie auch in den Vorgängen unseres Geistes, von dem wir ein
„Selbstbewußtsein" haben, – *aber nie erblicken wir jemals eine
Bewegung in der Art, daß unser Erkenntnislicht zuvor unbelichtete
Dinge ergreift und beleuchtet.* Wir haben die Dinge nicht vor der
eigenen Erkenntnis, um sie mit der Erkenntnis ergreifen zu
können. Es ist nicht so, wie beim Zupacken und Bearbeiten.
Dort müssen wir zuerst die Dinge „sehen", um ihnen etwas
antun zu können. Aber beim Sehen selbst, wenn es als ein Tun
und als eine Bewegung gedeutet werden soll, haben wir die
Dinge nicht v o r dem Sehen, um dann mit dem Zugriff unseres
Sehens auf sie zuzugehen. Gewiß gibt es die bekannten Phänomene, daß wir in einen kaum erhellten Horizont eindringen, daß
wir uns ein thematisches Feld für irgendeine Forschung heraus-
grenzen aus dem oberflächlich Bekannten usf. Aber das ist doch
nie eine Erfahrung davon, daß das Erkennen, das vorstellende
Gewahren der Dinge den Charakter einer vom Subjekt auf die
Objekte übergreifenden Bewegung habe. Das erkannte Seiende,
die vorgestellten Dinge haben wir nur im Erkennen und Vorstellen – und wir können sozusagen nicht aus unserem Vorstellen
heraus und es von außen als eine „Bewegung" ansehen. Die
Dinge erscheinen im Vorstellen des Menschen, und „im" Vorstellen wissen wir, daß sie mehr sind als das „Gegenständliche"
an ihnen – aber wir haben keine Möglichkeit, den Charakter des
Vorstellens als eine *ontische Bewegung* zu bestimmen. Und am
allerwenigsten führt dahin eine physiologische Untersuchung
menschlicher Erkenntnisorgane. Die optisch-physikalischen Ge-
setze der Lichtbrechung in Linsen können gar nie eine philosophische Einsicht in das „Sehen" ergeben. Der Photoapparat
„sieht" nicht, auch wenn er viel schärfere Bilder liefert als das
menschliche Auge. Natürlich hat die physiologische Forschung
ihre legitimen Anliegen, kann aber nicht schlechterdings als
Instanz in erkenntnismetaphysischen Fragen auftreten. Wir
kommen also in Verlegenheit, wenn wir genauer sagen sollen,

wie und in welchem Sinne das menschliche Vorstellen eine
Bewegung sei, die vom Subjekt auf die Dinge selber übergreife.
Und doch ist dies eine ganz geläufige und' übliche Metapher.
Es fragt sich aber, ob diese Gleichnisrede bei einer kritischen
Vertiefung des Bewegungsverständnisses bestehen kann.

Und das Gleiche gilt auch, wenn man das Erscheinen des
Seienden als die den Dingen einheimische Bewegung des Aufgehens interpretiert. Und hier sollte es sogar um eine viel weiter
gedachte Bewegung gehen. *Alle* Dinge in der ganzen weiten Welt
stehen in der Bewegung des Hervorkommens, alle erscheinen im
Sinne der Lichtung und Entbergung. Aber finden wir im Blick
auf die Dinge solche *Vorgänge* des Vorscheinens, können wir
irgendeinen solchen Prozeß der Selbstentbergung feststellen,
beobachten, untersuchen? Können wir die stillen Zuschauer sein
einer in den Dingen sich abspielenden Bewegung, durch welche
sie sich enthüllen und darbieten? Gewiß kennen wir viele Vorgänge *an* den Dingen, kennen Begebenheiten, die *mit* ihnen
geschehen. Wir sehen etwa, wie Lebewesen geboren werden,
zur Welt kommen, wie sie ,,entstehen'', wir können die biologischen Vorgänge in differenziertestem Phasenverlauf mit
wissenschaftlichen Methoden festhalten. Wir sehen auch, wie
in einem Arbeitsvorgang etwa aus einem Material ein Kunstding
entsteht, – sehen, wie der Künstler aus dem Marmorblock die
Statue herausholt, wie diese langsam aus dem Stein auftaucht,
und vieles dergleichen. Aber das sind Möglichkeiten, die im
Verhältnis von Material und Arbeit bereit liegen. Die biologischen
und die technischen Phänomene des Entstehens bieten die Denk-
modelle, um von einem Erscheinen aller Dinge im Sinne des
Hervorkommens zu sprechen. So, wie Lebendiges aus Keim oder
Ei hervorgeht oder Kunstdinge aus menschlicher Werktätigkeit,
so geht in einem ,,tieferen'' Sinne, wird gesagt, jedes endliche
Ding überhaupt auf in die Bestimmtheit seiner Gestalt. In dieser
Ausdrucksweise mag ein eminenter philosophischer Sinn stecken,
– aber er hat sich noch nicht zur Bestimmtheit gebracht. Was
wir daran bedenklich finden, ist nicht die poetische oder mythische Gleichnisrede, sondern daß hier als eine Bewegung der
Dinge ausgegeben wird, was eine viel ursprünglichere Bewegung
ist. Was wir jeweils als *Eigenbewegungen* an den Dingen finden,
setzt das Erschienensein, das Eingerücktsein in einen Umriß

schon voraus. Mit anderen Worten, das *Urgeschehnis der Vereinzelung und Verendlichung des Seienden*, das selbig ist mit seinem Vorschein in einem Umriß, ist nicht ein Vorgang, den die Dinge vollbringen oder den etwas anderes an den Dingen vollbringt, es ist ein Vorgang, *welcher die Dinge vollbringt*. Und auch das ist wiederum mißverständlich. Denn die innerweltlichen Dinge stehen in Zusammenhängen der „Kausalität", nicht nur der mechanischen, auch etwa der biologischen usf.. Jedes Lebewesen ist Abkömmling von Lebewesen, und das führt zu der bekannten Streitfrage, was früher gewesen sei: das Ei oder die Henne. Jedes Ding ist kausal durch andere, vorgängige Dinge oder Dingzustände bedingt. Jedes ist als „Wirkung" erwirkt durch die voraufgehende Verursachung. Diese kausale Bedingtheit gehört samt ihren modalen Abwandlungen zum Dingsein als solchem. Die Kausalität ist, wenn sie sich auch nach den jeweiligen Regionen des Seienden anders ausprägt, eine Bewegung, welche einen Zusammenhang von Dingen durchläuft; sie verknüpft jedes Kettenglied des Geschehens mit dem nachfolgenden. So besehen, läßt sich der ganze Feldzusammenhang aller Dinge als ein strömender Prozeß ansehen, in dem es relative Ruhen und relative Bewegungen gibt, eben das, was wir gewöhnlich als Ruhe und Bewegung von Einzeldingen vermeinen. Es macht aber in philosophischer Hinsicht nicht allzu viel aus, ob wir die Wirklichkeit als eine „Summe" von Einzeldingen oder als einen umfassenden „Prozeß" ansetzen. Es bleibt das Mißliche, daß „Erscheinen" von Seiendem als ein Vorgang „*am*" *Seienden* genommen wird.

Das Erscheinen ist – strenger gedacht – weder etwas, was den nichtmenschlichen Dingen von seiten des Menschen zustößt, noch etwas, was sie selber vollbringen. Das Seiende macht nicht sein Erscheinen, – es ist durch das Erscheinen vermittelt, es ist, was es ist, im Erscheinen. Aber wo und wann ist denn dieses Erscheinen, wenn es nicht festgemacht werden soll, nicht lokalisiert werden soll, weder im Subjekt, noch in den Sachen? Man greift vielleicht zu der Ausflucht, es sei keine dinghafte Bewegung, also nicht eine Bewegung, die einen Bewegungsträger habe, sei kein Vorgang an etwas und keine Begebenheit mit etwas, – es sei „reines Ereignis". Etwa wenn wir sagen, „es blitzt", so hätten wir nicht ein Ding, das die Tätigkeit des Blitzens vollzöge, vielmehr sei der

Blitz nichts anderes als das Blitzen. Das Erscheinen sei reines Ereignis – und erst aufgrund dieses Ereignisses gebe es so etwas wie erscheinende Dinge. In dieser Ausflucht steckt ein echter Impuls. Aber es genügt noch nicht, die Bewegung des Erscheinens von den Dingen wegzunehmen und sie einem unbestimmten ,,Feld" zuzuweisen. ,,Felder" haben vielfach selbst einen dingartigen Charakter, so wie wir z.B. von einem Schwerefeld, einem Magnetfeld, einem elektrischen Feld sprechen. ,,Feld" ist ein Gleichnis, – man kann es naiv und auch spekulativ verstehen. Solange die Bewegung des Erscheinens im vorstellenden *Menschending* oder als ,,Aufgehen" *in allen* Dingen verankert wird, sind ,,Wahrheit" und ,,Welt" *Folgen und Ergebnisse* des Erscheinens. Es kommt alles darauf an, gerade *umgekehrt* das Erscheinen von Seiendem und seine Wahrheit aus dem raumgebenden und zeitlassenden Walten der Welt zu begreifen.

ERSCHEINEN NICHT ETWAS *AM* ODER *MIT* DEM SEIENDEN.
DAS „SEIENDE", DAS „DING" ALS DIE FUNDSTÄTTE
DER METAPHYSISCHEN SEINSBESTIMMUNGEN

Mit der Frage nach dem *Wesen des Erscheinens* von Seiendem
stehen wir vor einem zentralen Problem der Philosophie. Solches
Erscheinen ist uns nicht unbekannt; im Gegenteil: es ist das
Bekannteste überhaupt. Wir halten uns ständig darin auf – und
wir haben auch das Erscheinen immer schon in mannigfaltigen
Weisen angesprochen und damit *als* Erscheinen fixiert. Ganz
selbstverständlich reden wir davon, daß die Dinge sich uns
zeigen, sich zu uns herwenden, sich so oder so darstellen, den
und jenen Anblick darbieten, in einem bestimmten Aussehen
sich uns präsentieren. Wir wissen auch, daß mitunter der Anblick
der Dinge uns beirren kann, – daß sie zunächst etwas zu sein
scheinen, was sie wirklich nicht sind. Darin, daß sie erscheinen,
uns immer in einem Anblick gegeben sind, gründet auch die
Möglichkeit der Beirrung. Aber jede Auflösung des Irrtums geschieht wiederum in einem neuen und eigentlicheren Sichdar-
stellen der Dinge. Wir kommen sozusagen nie dazu, das Ding
ohne sein Erscheinen zu erfassen, – wir können das Ding nicht
abgelöst von seiner Äußerung und Darbietung packen. Zum
Ding können wir uns nur so verhalten, daß wir uns auf die
Weise einlassen, wie es uns entgegenkommt. Alles Seiende kennen
wir einzig aus seinem Entgegenkommen.
  Aber was uns so mit den Dingen zusammenführt, hält uns
zugleich von ihnen ab. Indem wir in die Situation der vielfältigen Äußerungen unabsehbar vieler Dinge versetzt sind, sind
wir mit Vielen verbunden, aber zugleich damit von Vielen
weggehalten. Was uns mit dem einen verbindet, hält uns vom
anderen ab. Die Vielzähligkeit der Erscheinungsweisen von
Dingen zerstreut uns. Wir haben nie nur *ein* Seiendes, das uns

erscheint. Immer sind wir einem vielfältigen Zudrang ausgesetzt.
Wir sind inmitten der Dinge, aber so, daß wir dabei von jedem
einzelnen Ding weggehalten sind. Und wir sind auch nicht einmal bei uns selbst – abstandslos. Wir haben uns auch nur im
Erscheinen. Die heimlichste Intimität des menschlichen Selbst-
umgangs bleibt durch den Gedanken beunruhigt, unser Wesen
nur aus seinem Erscheinen zu kennen. Jeder kann unbegreiflich
durch sich selber überrascht werden, wenn plötzlich Gewalten
aus dem eigenen Lebensgrunde aufsteigen, in denen das „Bild",
das wir uns von uns selbst gemacht haben, jäh zerbricht. Die
Enttäuschungen des Menschen über sich selbst sind gewiß nicht
geringer als die über die Dinge. Alles Seiende überhaupt, die
fremden Dinge wie wir je selbst, begegnet uns nur im Erscheinen.

Aber was ist dieses Erscheinen? Was ist das *Seiende als
Phänomen?* Sind diese beiden Fragen überhaupt dasselbe?
Hier liegt in der Tat ein entscheidender Kreuzweg des philo-
sophischen Denkens vor. Wenn das Erscheinen gedeutet wird
als etwas, was am oder mit dem Seienden geschieht, ist das
Problem bereits in eine Richtung gedrängt, wo wir „vor lauter
Bäumen nicht mehr den Wald sehen" – wo wir vor lauter Binnenweltlichem nicht mehr die Welt zu denken vermögen. Es bedeutet also schon eine *Abdrängung*, wenn die Frage nach dem
Erscheinen von Seiendem angesetzt wird als Frage nach dem
Seienden als Phänomen. Aber gerade die Blickrichtung auf die
Substanz in ihrem Erscheinen beherrscht weitgehend die überlieferte Philosophie. Innerhalb dieser traditionellen Blickbahn
finden wir dann die beiden Positionen, daß einmal das Erscheinen als „Aufgehen", „Selbstentbergung" des Seienden
selber, das andere Mal als das „Gegenstandwerden für ein
Vorstellungssubjekt" interpretiert wird. Das Seiende wird zum
Phänomen, indem es sich „äußert" und „darstellt" – *und* indem
es vom Menschen als Vernunftsubjekt „gewußt" wird. „Aufgehen" gilt als eine Bewegung, welche das Seiende selber voll-
führt, die also „am" Seienden geschieht, und „Gewußtwerden"
gilt als eine Bewegung, die „mit" den Dingen geschieht, sofern
ein vorstellendes Ding sie zu „Gegenständen" macht. Einmal
wird so das Phänomensein des Seienden vom Seienden selbst
her, als dessen Eigenbewegung ausgelegt, das andere Mal vom

vorstellenden Subjekt her. „Phänome" also gibt es: 1.) weil die
Dinge sich äußern, aus sich herausgehen, sich einander darbieten,
weil sie sich zeigen und zeigend entbergen, weil sie zum Vorschein
kommen in einer bestimmten Gestalt, in einem endlichen Umriß, – weil die Substanzen nicht ruhig in sich verschlossen bleiben,
sondern sich zueinander wenden und in einem gemeinsamen
Anwesen sich versammeln; 2.) weil inmitten der Dinge sich ein
mit Vernunftlicht ausgestattetes Ding befindet, der Mensch, der
nun die ihn umgebenden Dinge ableuchtet. In *beiden* Fällen
wird das Phänomen-sein *vom Seienden* aus interpretiert. Das
Seiende gilt als ursprünglicher als das Erscheinen; denn das
Erscheinen setzt offenbar das Sein der Dinge bzw. das Sein eines
vorstellenden Dinges und das Sein vorstellbarer Dinge voraus.
Sicherlich wird bei dieser Grundauffassung der überlieferten
Philosophie das Erscheinen nicht als etwas Nebensächliches und
Beiläufiges abgetan, es wird als ein wesentliches Problem
angesetzt. Zum Sein des Seienden, sagt man, gehört das Erscheinen. Weil Seiendes erscheint, ergeben sich die Problemdimensionen von Sein und Schein, von Sein und Werden, Sein
und Wahrsein. Weil Seiendes erscheint, fragt die Metaphysik
nach dem ON als AGATHON, nach dem ON als HEN, nach dem
ON als ALETHES, d.h. nach dem Seienden als dem Guten, dem
Einen und dem Wahren. Und der Stil ihres Fragens ist dabei
anders, wenn sie das Erscheinen als Selbstentbergung der Dinge,
anders, wenn sie es als Vorgestelltsein und Gewußtsein faßt.

Der Problemzusammenhang von Sein und Lichtung einerseits und von Sein und Wissen andererseits – aber beidemale
grundsätzlich bezogen auf das *Seiende*, bildet die Thematik
der überlieferten Metaphysik.

Es wird wohl erkannt, daß das Seiende im Erscheinen „ist",
darein eingetaucht und eingesenkt ist, – aber prinzipiell wird
versucht, dieses Erscheinen, das universelle Medium, worin
das Seiende sich aufhält, zu begreifen als etwas, was irgendwie
von den Dingen abhängt oder doch von einem Ding abhängt.
Das Erscheinen wird so als ein Produkt verstanden, dessen
Produzent das Seiende ist. Das Seiende erwirkt sozusagen das
Medium, in dem es sich befindet, es schafft von sich aus das
Feld seines Aufenthalts. Das Erscheinen ist letztlich vom
erscheinenden Seienden abhängig. Oder schärfer formuliert:

Wahrheit und Welt hängen ab vom *innerweltlichen* Seienden, –
das gewissermaßen seine „Aura" selber hervorbringt.

Aber hier gerade melden wir die *äußerste Skepsis* an. Ist denn
in Wahrheit das Weltall, *worin* jegliches Erscheinen geschieht,
eine Konstellation von Dingbezügen oder umfängt und umgreift
es auf eine einzigartige Weise alles, was in besonderter, abge-
grenzter und endlicher Art jeweils ist? Wir verhalten uns
gewöhnlich immer zu Seiendem, zu einzelnen Dingen, – wir
verhalten uns „in der Welt" als ein bestimmtes innerweltliches
Ding zu anderen innerweltlichen Dingen. Wir leben im Umgang
mit vielerlei Seiendem. Aber immer beziehen wir uns auf Dinge
(im weitesten Sinne). Das Ding, sei es der Feldstein, der Baum,
der Vogel, der Mitmensch, der Staat, der Gott, ist immer der
Bezugspunkt unseres Verhaltens. Dinge haben wir nur in ihrer
Epiphanie, nur in ihrem Erscheinen. Aber dabei ist doch das
Erscheinen nicht etwas, was sozusagen dem Ding anhaftet, es
umgibt wie ein Strahlenkranz, wie eine Umrandung. Zweifellos
kennen wir auch Dinge, die von sich her einen eigentümlichen
„Hof" mit sich führen, wie z.B. das Feuer einen Hof von „Helligkeit" und „Wärme" mit sich führt. Der Helligkeits- und Wärme-
hof gehört zum Feuer, ist seine ihm eigentümliche Ausstrahlung.
Der Hof gehört hier zur Sache selbst. Und in gewisser Weise ist
auch der Mensch ein Ding, mit einem ihm eigentümlichen
Umgebungshof ausgestattet: er hat einen Umkreis von Wahr-
genommenem und Erfahrenem, von Erlebtem und von ihm selbst
Gestaltetem, – er hat eine humanisierte „Umwelt". Das Erscheinen aber gehört doch nicht so den Dingen an, wie die
Wärmestrahlung dem Feuer angehört. In das Erscheinen
eines Dinges sind immer auch schon *andere* Dinge versetzt,
die ebenfalls erscheinen; aber das ist keine wechselseitige Über-
schneidung von Eigenhöfen. Vielmehr können sich gerade in
einem gemeinsamen Erscheinungsfeld Dinge zeigen gemäß ihrer
Eigenart, d.h. solche, die keinen „Hof" mit sich führen, und
solche, bei denen dies statthat. Sofern wir zumeist in Beziehungen
zu den Dingen leben – und dabei die Dimension des Erscheinens
durch-leben, uns in ihr als dem selbstverständlichsten Medium
bewegen – verfehlen wir die denkerische Bestimmung dieses
seltsamen Mediums; wir meinen sie letztlich *dinglich* (ontisch)
fassen zu müssen. Die Grundstellung unseres Aufenthaltes *in*

der Welt ist eine Benommenheit vom *innerweltlich-Seienden*. Daß dieses „Seiende" als ein solches begegnet, das prinzipiell binnenweltlich ist, entgeht uns gemeinhin. Aber das bedeutet keine Nachlässigkeit, keinen Mangel geistiger Aufmerksamkeit, der mit einiger Mühe zu beheben wäre. Das menschliche Dasein ist aus Wesensgründen vom Seienden benommen. Es steht im unablässigen und ständigen Zudrang der Dinge, – ja es ist selbst bestimmt, ein Ding unter Dingen zu sein, es hat das Los der *Endlichkeit und Einzelheit* auf sich zu nehmen: nicht nur als das Abgerissensein vom Grunde; das teilt es mit allem, was lebt. Der Mensch ist nicht nur endlich, er ist seiner „Endlichkeit" eröffnet und aufgetan, er sieht sie als die Ausgeliefertheit an den Tod und als das Wagnis der Freiheit. Er weiß um seine Endlichkeit und auch um die Endlichkeit aller Dinge, weil er zu innerst um das „Un-Endliche" weiß, weil die Ahnung des Einen, Vollen und Ganzen in ihm brennt, das alles Vereinzelte und Endliche *umfängt, aussetzt und birgt*.

Aber zumeist ist der Mensch abgekehrt von diesem innersten Wissen, er ist zugekehrt den Dingen, die ihn bestürmen mit ihrem Reiz und ihrer Drohung, er ist hingewendet an das Seiende, das ihm sich eindrücklich und nachdrücklich zuwendet, zeigt und darstellt. Er lebt in der unaufhörlichen Auseinandersetzung mit den umweltlichen Dingen. Hier ist die Stätte seiner Siege und Niederlagen, hier die Walstatt des Kampfes um die Herrschaft, das Lager der Liebenden, der Dornenacker der Arbeit, hier sind die Städte und Staaten, ist die Szenerie seiner Spiele, hier sind die Gräber der Toten. Hier inmitten des Seienden ist das Rhodus, wo er springen muß, – wo er sich zu bewähren hat. Aber vor lauter Dingen sieht er dann nicht mehr das waltende Ganze, das ihm und allen anderen endlichen Dingen *Raum gibt und Zeit läßt*. Die Benommenheit des Menschen durch den Zudrang der Dinge ist gleichbedeutend mit einer Blindheit gegen die Welt.

Mit der Frage allerdings nach dem *Erscheinen* des Seienden löst sich das menschliche Denken aus der unmittelbaren Verstrickung in die tausendfältigen Dingbezüge. Es wird der *Vermittlung* inne, wodurch und worin Seiendes sich zeigt und gewußt wird. Die Dimension, in der wir sonst uns geradezu bewegen, wird jetzt auf einmal als solche fragwürdig. Das

Erscheinen des Seienden wird zu einem beunruhigenden Problem. Die Sicherheit unseres Umgangs mit den Dingen und mit uns selbst bricht. Wir fangen an, das Ding und seine Erscheinung zu unterscheiden und ebenso das gewußte Ding vom Ding an ihm selbst zu trennen. Das Erscheinen schiebt sich in gewissem Sinne vor das Seiende, bildet einen Vorhof, ein Vorfeld, in welchem jetzt die Entscheidungen des Denkens gesucht werden. Denn wenn wir je über das Seiende selber sollen gültige Aussagen machen können, müssen wir doch offenbar einen Einblick zuvor haben in das Geschehen, in welchem die Dinge uns entgegenkommen und wir sie wissen. Und hier bedeutet es eine folgenreiche Entscheidung, wenn das Erscheinen interpretiert wird als das *Phänomen-sein von Dingen* – also vom Ding her ausgelegt wird. Dabei spielt eine bedeutsame Rolle die Interpretation am Leitfaden der ,,Bewegung''. Entweder ist, sagt man, das Erscheinen eine Bewegung, welche die Dinge vollführen, oder eine Bewegung vorstellender Vergegenständlichung, welche das menschliche Erkenntnissubjekt an Dingen vollbringt.

Welches Bewegungsverständnis leitet bei einer solchen Rede? Ist überhaupt durchdacht, was ,,Bewegung'' in diesem Zusammenhange bedeuten soll – oder ist unkritisch das gängige Bewegungsverständnis dabei ,,in Gebrauch'' genommen worden? Wir sagten schon, Bewegung wird gemeinhin verstanden als Bewegung *an Seiendem.* Der Bewegung wird gleichsam ein Bewegungsträger zugesprochen. Bewegung wird als *Bewegtheit* gedacht. Bewegt ist das Seiende in mannigfachem Sinne. Man scheidet z.B. solches, was immer in derselben Weise sich verhält, nie anders wird, sondern unveränderlich sich gleich bleibt, was im strengsten Sinne ,,ruht'', unbewegt bleibt, keiner Bewegung fähig ist, wie etwa die mathematischen Figuren. Wir zeichnen sie, zeichnen ihre ,,Abbilder''; diese Abbilder entstehen im Zeichnen, aber nie der Kreis. Platon hat in der mittleren Periode seiner Philosophie das Sein der Ideen als unbewegt-unveränderlich, immer gleichbleibend charakterisiert. Demgegenüber sind alle Sinnendinge, alle irdischen Dinge bewegt. Deshalb brauchen sie nicht ständig in aktueller Bewegtheit sich befinden, – sie sind beweglich. Sie können zeitweise ruhen; die ,,Ruhe'' des Beweglichen und Bewegbaren ist selber ein Modus der Bewegung. Der Granitblock, der als mächtiger Findling seit Jahrtausenden

daliegt, ist durch einen Gletscherstrom hierher bewegt worden
und kann jederzeit durch eine Sprengung wegbewegt werden.
Wir unterscheiden mehrere Bewegungsstile: beim Leblosen,
beim Lebendigen, beim Psychischen. Wir wissen ferner, daß
immer, wenn *an* einem Seienden eine Bewegung geschieht, etwas
bleiben und etwas wechseln muß. Das zeitliche Schema der
Substanz ist das Beharrliche im Wechsel. Das Ding verharrt im
Wechsel seiner Zustände und Eigenschaften, im Wechsel seiner
örtlichen Lagen und bleibt, indem es ständig durch die Zeit
hindurchgeht, hindurchdauert, „älter" wird. Schwierig und ver-
wickelt wird die Problematik aber dann, wenn wir nicht nur
die Bewegung temporal interpretieren d.h. als verschiedene,
aber mit einander verkoppelte Weisen des InderZeitseins von
Seiendem auslegen, sondern nun weiterhin dieses InderZeitsein
als *Bewegtheit im Zeitfluß* deuten, also von der Zeit, von ihrem
Lauf, ihrem Vorgang und Verfließen wie von einer Bewegung
sprechen. Wenn die Bewegung in den Blick des Denkens kommt,
blitzt die Möglichkeit auf, über das fixe und fixierte Seiende
hinauszudenken in den *umgreifenden Seinszusammenhang*. Aber
diese Möglichkeit wird gleich wieder verschüttet, wenn das,
wovonher die ontische Bewegtheit aufgehellt wird: nämlich die
Zeit, nun ihrerseits wiederum als Bewegung oder als etwas an
der Bewegung gefaßt wird. Damit wird der Horizont, von woher
das *Ontische begriffen* werden soll, selber wieder zu einem
Ontischen fixiert. Der „Fluß der Zeit" ist die verhängnisvollste
Metapher.

Kann die angebliche „Bewegung" des Erscheinens, die in den
Dingen selbst oder doch in dem mit Erkenntniskraft begabten
Menschending beheimatet sein soll, mit den Kategorien des
Bewegungsverständnisses gefaßt werden, das wir hinsichtlich
der Dinge haben? Dinge sind bewegt in der Ortsbewegung, im
Zunehmen und Abnehmen, in der Veränderung. Bei einer solchen
Bewegtheit nehmen wir das Ding an als das, was an ihm die
Bewegung hat. Das Ding, etwa die Hauskatze geht im Zimmer
herum, sie wird fett oder magert ab und sie verändert sich,
bekommt im Winter ein dichteres, im Sommer ein lockereres Fell.
Schwieriger ist es schon, wenn wir noch das „Entstehen" und
„Vergehen" dazu nehmen. Wenn aus der Tonerde der Krug, aus
dem Marmorblock die Statue wird, so ist hier das „Entstehen"

ein Bewegungsvorgang, der einem schon Seienden zukommt als
Umwandlung in eine andere Gestalt. Es ist dabei gleichgültig,
daß das Ding nicht selber die Bewegung vollbringt, daß der Grund
der Bewegtheit in einem anderen: im Töpfer und im Bildhauer,
liegt. Es „ist", indem es die Bewegung des Entstehens an sich
hat. Und ebenso kann der Krug und das Standbild vergehen,
wenn es zertrümmert wird. Die Bewegung des Zerfallens hat es
an ihm selber. Dagegen ist Entstehen und Vergehen als Bewegtsein eines Seienden beim „Lebendigen" nicht so ohne weiteres
einsichtig. Zwar stammt alles Lebendige von Lebendigem ab.
Aber das einzelne Lebewesen, das jeweilige „Individuum" kommt
anscheinend aus dem Nichts und geht ins Nichts. Es ist schon eine
indirekte, vom unmittelbaren Phänomen weggehende Theorie,
für die Bewegung des Entstehens von Lebewesen einen „substanziellen" Bewegungsträger in der Form des Protoplasmas
anzusetzen. Aber es erhebt sich jetzt die Frage, ob überhaupt
das Bewegtsein von Dingen der genuine Aspekt der Bewegung
ist, ob das Wesen der KINESIS vom KINOUMENON her gedacht
werden muß. Der aristotelische Ansatz der Bewegungsinter-
pretation beherrscht in sublimierter Form auch noch die neu-
zeitlichen Bewegungstheoreme, auch wenn man nicht mehr an
„natürliche Orte" der Dinge, nicht mehr an den Himmel als den
Ort des Leichten, nicht mehr an die Erde als Ort des Schweren
usw. glaubt und sogar die Substanzen durch einen einheitlichen
„Prozeß" ersetzt hat. Die Bewegung „ist" als der seiende Prozeß.
So z.B. ist der durchgängige Kausalnexus, der alle Geschehnisse
miteinander verknüpft und verkettet, die „bewegte Sache" –
neuzeitlich gedacht. Aber dabei kommt es in gewissem Sinne
doch zu einer Einsicht, daß Bewegungsvorgänge in einem
Bewegungsfeld spielen. Das „Feld" stückt sich nicht zusammen,
es umgreift vorgängig die einzelnen Bewegungsmomente. Die
Bewegung spielt in einer „Gegend".

Der Begriff der „Gegend" erscheint uns höchst bedeutsam, –
er ist gleichsam ein „Mittelbegriff", der zu einem Denken über-
leiten kann, das nicht mehr in der Benommenheit durch das
„Seiende" steht. Die Kausalverkettung ist jetzt primär nicht
mehr gedacht als die Abhängigkeit eines Dingzustandes von dem
voraufgehenden Zustand seiner selbst und der Umgebungsdinge,
sondern als die Abhängigkeit einer Gesamtkonstellation aller

Dinge von der voraufgehenden. Die jeweilige Phase umspannt „alles", ist so weit, wie weit überhaupt das Seiende sich dehnt. Am Einzelding ist nur ein winziges Stück des universalen Kausalgeflechtes je wirksam, – aber was immer irgendwo geschieht, hängt mit allen gleichzeitigen Geschehnissen zusammen. Auf unser besonderes Problem (Erscheinen des Seienden) hin gesprochen besagt dies: Erscheinen ist nie ein „isoliertes" Erscheinen. Kein Ding kommt allein zum Vorschein; es erscheint in einem umgreifenden Feld des gemeinsamen „Anwesens", es erscheint in einer „Gegend". Aber nicht die Einzeldinge bilden die Gegend, indem sie sich zufällig treffen und aneinander anreihen. Die *Gegend* als das Versammelnde und zugleich Auseinandersetzende, das sowohl einigt, als auch zerstreut, genauer im Zerstreuen einigt und im Einigen zerstreut, gewährt den aufgehenden Dingen Platz und Grenzen, mit denen sie sich in einem Umriß „fassen" und gegen einander abscheiden, und zugleich aneinander angrenzen; die Gegend hält das Spannungsgefüge des gleichzeitigen Beisammen- und Außer-einander-seins aller zum Vorschein kommenden Dinge offen.

In anderer Weise finden wir die „Gegend" beim Vorstellen. Alles Vorstellen ist auf einen Gegenstand aus. Strenger gefaßt: alles Vorstellen geht so auf das Seiende, daß es dieses als Gegenstand „stellt", zum Stehen bringt. Aber wir haben nie einen einzelnen, einzigen Gegenstand. Gewiß können wir unsere Aufmerksamkeit konzentrieren, können ein Ding vor allem in den Blick nehmen, uns gewissermaßen „abblenden" gegen die anderen, umgebenden Dinge. Gerade eine solche„ Abblendung" weist deutlich darauf hin, daß wir das Einzelding, das Thema unseres Interesses wird, nur aus einem vorgängigen Horizont unbestimmt vieler Dinge abheben. Jeder Gegenstand des Vorstellens begegnet aus einer Gegend her. Das menschliche Wissen ist nicht auf einen isolierten Einzelbezug zu einem bestimmten Seienden eingeschränkt, es ist immer schon unbestimmt offen für eine Vielfalt von Dingen, es hält sich je schon in eine Gegend hinein, die im vorhinein alles Vorstellbare versammelt hat und für den menschlichen Wissenszugriff bereithält.

Sowohl beim „Aufgehen" der Dinge als auch bei ihrem Gegenstandwerden spielt die Gegend eine wesentliche Rolle. Alle Dinge, sofern sie erscheinen, sind in einer Gegend, sind in ihr versammelt und zerstreut. Es ist nun von großer Wichtigkeit, dieses Moment der Gegend nicht sofort wieder dadurch zu verlieren, daß man sie zu einem großen Ding oder einem großen Gegenstand macht. Die Gegend ist für alles, was in ihr ist, *vorgängig*. Ihre Struktur läßt sich nicht aus dem ableiten, was durch sie bestimmt wird. Wir sagen, die Gegend „umgreift". Aber dieses Umgreifen muß angemessen gedacht werden. Ein großes Ding umgreift auch ein kleineres, der Apfel umgreift den Wurm, der in ihm sitzt. „Umgreifen" ist eine allbekannte Möglichkeit, wie große Dinge kleine in sich befassen und enthalten. Aber eben in diesem Sinne umgreift die Gegend nicht, weil sie überhaupt kein „Ding", sondern eine *Dimension möglichen Vorscheins und Anscheins von Dingen ist*. Die Gegend ist kein Aggregat von Dingen, nicht vergleichbar einem Sandhaufen, der viele winzige Sandkörner enthält. Die Gegend *umgreift* die Dinge in ihrem Erscheinen so, daß sie alles *einbegreift*. Sie steht nie sozusagen auf der einen Seite und läßt etwas außer sich bestehen. Das Aufscheinen der Dinge ereignet sich in der umgreifend-einbegreifenden Einheit einer Gegend. Und wenn wir vorhin auch gesagt haben, die Gegenstände des Vorstellens begegnen uns aus einer Gegend her, so gehört die Gegend dabei doch nicht nur zu den Gegenständen als deren umfassender Gesamthorizont; auch ich, der jeweils Vorstellende, bin je schon in die Gegend versetzt, worin ich nun Gegenstände antreffe. M.a.W. „Gegend" besagt hier nicht bloß eine umgreifende Einheit der Objekte, vielmehr allem zuvor eine Situation, die das Subjekt und das Objekt umfängt, zusammenschließt und auseinanderhält. Die Gegend des Vorstellens begreift das vorstellende Ich ebenso wie die vorgestellten Dinge ein. Die Gegend ist hier also weder „objektiv", noch „subjektiv" – sie ist die Dimension, worin sich allererst „Subjekt" und „Objekt" scheiden und auf einander beziehen.

Der Begriff der Gegend ist schwer genau zu denken, einmal weil er ständig von der Gefahr einer Verdinglichung bedroht ist, und zweitens weil er mit dem Erscheinen des Seienden zusammenhängt, – und wir eben das Erscheinen als etwas Nachträgliches, dem Seienden gewissermaßen nur Anhängendes zu denken gewohnt sind. Der *philosophische Vorrang der Gegend* vor allen Dingen und Gegenständen kann solange nicht auf-

leuchten, als wir das Erscheinen als eine Bewegung an oder mit
den Dingen ansetzen, in dem *Seienden* den eigentlichen Bewegungsträger für den Erscheinungsvorgang sehen. Das Seiende ist
im Erscheinen vermittelt, – vermittelt sind die Dinge *einander*
und auch *uns*, den vorstellenden Wesen. Ist die „Vermittlung"
nun etwas, was den Dingen zukommt, wie das Weißsein dem
Schnee, das Schwersein dem Stein? Gehen die Dinge der Vermittlung – oder geht die Vermittlung den Dingen vorauf? Wir
nannten die Vermittlung das absolute Medium. In ihm leben
und bewegen wir uns, in ihm spielt auch das Sein alles Seienden.
Das absolute Medium, das vorgängig alles Seiende umgreift und
einbegreift, ist die Welt. Sie ist der Spielraum und die Spielzeit
aller Dinge. In ihr ist alles versammelt, geeinigt und geschieden,
was überhaupt ist, – sie ist das Feld des Anwesens, wo die
Dinge zum Vorschein kommen und wo der Mensch das Seiende
teilweise erfährt und gänzlich apriori weiß. Sie ist die *universelle
Gegend aller Lichtung und Erkenntnis. Sie ist das Feld des Seins.*
Unser Denken ist durch die lange Tradition der Metaphysik in
ein Gepräge gekommen, daß wir nur schwierig und gehemmt die
Welt selbst zu denken vermögen. Die metaphysische Tradition
sucht, das *Seiende in seinem Sein* zu bestimmen, sie fragt nach
dem ON HE ON. Dabei fragt sie *an beim Seienden.* D.h. sie sucht
das Sein als ein solches, das *am* Seienden bestimmbar wird. Sie
durchmustert die vielgestaltigen Dinge, durchforscht die Arten
des Seienden, prüft deren Rang und späht aus nach einem
höchsten Seienden, um daran den Maßstab zu finden, mit dem
jegliches, was Anspruch erhebt, zu sein, gemessen werden kann.
Alle Dinge kommen darin überein, in irgendeinem Sinne, zu sein,
aber sie unterscheiden sich vielfach nach ihren eigentümlichen
Seinsweisen. Sie sind nicht bloß unterschieden in ihrem Was-
gehalt, sie sind auch unterschieden in der jeweiligen Weise des
Wirklichseins. Sie haben differente Seinsverfassungen, – sie sind
auch in verschiedenem Sinne jeweils „möglich" oder gar „notwendig". Ein immenser Reichtum von Strukturen legt sich
auseinander, wenn so das Seiende in den vielfältigen Weisen, wie
es „Sein" hat, durchforscht und bestimmt wird. Aber die
Blickbahn, in der dieser Reichtum gewonnen wird, ist der
Hinblick auf das Ding, auf die Substanz, auf die Weisen, wie sie
in sich steht, wie sie sich äußert in ihren Eigenschaften, wie sie

verflochten ist mit anderen Substanzen, wie sie möglich und
wirklich, wie sie bewegt oder unbewegt ist, – wie sie an sich und
wie sie für das Wissen ist, wie sie zum Begriff steht, ob er ihr
einheimisches Wesen oder eine äußere Zutat des denkenden
Menschen sei. Das „Sein" wird so am Seienden in den Blick
gefaßt, wird als Seinsverfassung der Dinge angesprochen und
bestimmt. Das Sein ist sozusagen in den Dingen verwahrt und
aufbewahrt und muß dort aufgesucht und bestimmt werden,
wenn anders die Philosophie eine Explikation des menschlichen
Seinsverständnisses vollbringen soll. Bei diesem Hinblick auf
die Dinge ist es gewiß klar und einsichtig, daß das „Sein" den
Dingen wohl nie so zukommt wie die rote Farbe der blühenden
Rose oder das Gewicht dem Bleiklumpen. Das „Sein" ist keine
Eigenschaft des Seienden. Vielmehr gehört das „Eigenschaften-
haben" zur Seinsverfassung des Dinges schlechthin, zum Bau
der Dingheit als solcher. Es ist schon ein großer Schritt, wenn
nicht ein Sprung des Denkens, wenn der Mensch, statt auf
Eigenschaften, Qualitäten und Zustände der Dinge zu achten,
das Dingsein selber bedenkt, die Seinsverfassung des Seienden auf
den Begriff zu bringen sucht. Aber er hält sich dabei in einer
ontologischen Grundstellung, welche das „Seiende", mögen es
Substanzen oder Prozesse sein, als den *Fundort* ansetzt, wo „Sein"
erblickt wird und bestimmbar ist.

Die Vor-Entscheidung ist dann gefallen: „Sein" ist zuerst und
überhaupt *Sein von Seiendem*. Was wir das „Seiende" nennen,
ist aber doch immer ein Mehrfältiges und Mannigfaches, – ist
die ungeheuerliche Vielzahl von Dingen, die kommen und gehen,
sich verändern, bewegen. Die Dinge begrenzen einander, sind
voneinander unterschieden, sind „endlich". Und wenn wir auch
ein höchstes Seiendes denken oder „glauben", das weit über die
uns vertrauten und bekannten Einzeldinge an Macht, Größe,
Vernunft hinausliegt – wie etwa den antiken Gott, so ist dieser
immer noch „endlich". Wenn wir den Begriff eines ens infinitum
bilden, ist es unausweichlich notwendig, das Sein der phänomenal
gegebenen Dinge so „nichtig" anzusetzen, daß „Gott" dadurch
nicht begrenzt wird und er dann allein das „Seiende" ist, neben
dem nichts besteht, oder ihn als die wahrhafte Substanz aller
Dinge, als das „ens entium", also pantheistisch aufzufassen. Will
man aber Gott als das „höchste Seiende" über anderes auch

bestehendes Seiende, über Menschen, Tiere, Pflanzen, Land und
Meer usf. stellen, so hat man ihn „verendlicht" – er ist dann
nur das großmächtigste endliche Ding. Wenn dann, was „Sein"
bedeutet, erfragt wird in der denkerischen Bindung an das
„Seiende", so besagt das jetzt, daß das *endliche Ding* zum
Grundmodell wird: Sein wird verstanden und gedeutet als *Sein
von Endlichem.*

Das aber ist gerade in Frage zu stellen. Ist das Sein der
Dinge die ursprünglichste Weise des Seins, ist das Umgrenzte
und Umrissene, das Bestimmte und Fixe, das HORISMENON, der
rechte und alleinige Boden für den Ansatz der philosophierenden
Seinsfrage? Vom Erscheinen der Dinge ausgehend, – von ihrem
Erscheinen als Entbergung und als Gewußtsein – sind wir dazu
gelangt, das Erscheinen nicht zu nehmen als etwas, was sie
vollbringen, sondern als ein Walten, in welchem die *Dinge
vollbracht* werden. Die umfassendste und einbegreifende Gegend
alles Erscheinens ist die *Welt*. Sie ist das Un-Endliche, in welchem
alle endlichen Dinge aufscheinen und untergehen. Von der Welt
gilt genau – wenn auch in anderem Sinne, als es Hegel meinte,
was er von der All-Bewegung des Erscheinens in der „Vorrede"
zur „Phänomenologie des Geistes" sagte: „Die Erscheinung ist
das Entstehen und Vergehen, das selbst nicht entsteht und ver-
geht, sondern an sich ist, und die Wirklichkeit und Bewegung
des Lebens der Wahrheit ausmacht. Das Wahre ist so der
bacchantische Taumel, an dem kein Glied nicht trunken ist,
und weil jedes, indem es sich absondert, ebenso unmittelbar sich
auflöst, ist er ebenso die durchsichtige und einfache Ruhe...".

DAS SEIN *AM* SEIENDEN, DAS SEIN *IM* SEIENDEN
ALS DOPPEL-THEMA DER METAPHYSIK. ERSCHEINEN
ÜBERHAUPT NICHTS ONTISCHES. DIE GEGEND ALLER
GEGENDEN: DER ZEIT-RAUM DER WELT.
DIE WELT-EINZIGKEIT ÜBERGREIFT DAS
HELLE LAND DER INDIVIDUATION UND DAS DUNKLE
LAND DES GESTALTLOSEN GRUNDES

Die Grundstellung, welche den menschlichen Alltag in seinem
unmittelbaren Umgang mit den Dingen, aber auch die reflek-
tierteren Weisen unseres Seinsverstehens beherrscht und trägt,
ist die Hingegebenheit an das Seiende. Wir sind vom Seienden
benommen – und eingenommen. Alles, was wir tun und lassen,
erstreben, fliehen, lieben, hassen, erkennen und wissen, ist in
irgendeinem Sinne ein Seiendes. Die Welt ist für uns voll von
Seiendem. Wir sind selbst je ein Seiendes und sind umringt und
umzingelt von anderem Seienden vielfältiger Art. Unser Verstehen ist vor allem ein Verstehen von Seiendem. Und das
Verstehen selbst ist die bestimmte Art, wie ein Seiendes: nämlich
wir selbst, in seinen Bezügen zu anderem Seienden ist. In diesem
Verstehen liegt die Möglichkeit, sich auf sich selbst zu beziehen
und damit die Erkenntnis von Seiendem selbst zu erkennen –
als eine seiende Erkenntnis. Die Rückwendung des Verstehens
und Vernehmens auf sich selber wird zur Selbsterkenntnis der
menschlichen Vernunft. Wir bewegen uns so in dem magischen
Kreise einer, sei es objektiven, sei es subjektiven Hingegebenheit an Seiendes. Wo immer wir ,,Bedingungen der Möglichkeit''
von Seiendem erkennen, werden diese uns alsbald selber wieder
zu einem Seienden, wenn auch von ursprünglicherem Charakter.
Der Menschengeist gleicht dem Midas der Sage, dem alles, was
er griff, zu Gold erstarrte, dem sich Speise und Trank in das harte
Metall verwandelte. So wandelt sich uns alles, was immer wir
nur denken, in die feste und harte Form von Seiendem, in etwas
das ist. Und selbst das ,,ist'', das wir *vom* Seienden aussagen,
das *Sein* des Seienden schlägt, sobald wir es eigens zu denken

versuche, um in eine „höherstufige" Art von Seiendem. Wir
sprechen dann das „Sein" an, als ob es ein Seiendes wäre. Und
dieser Gefahr ist man noch lange nicht entronnen, wenn man sie
bemerkt. Es liegt nicht an einer Anstrengung der menschlichen
Vernunft, ob und wieweit sie den Umschlag des Seins in die
Verhärtung zu einem Seienden vermeiden kann. Denn das Sein
selbst zeigt sich zuerst und zunächst *am Seienden*. Die abendländische Philosophie als Metaphysik sucht seit ihrem Beginn,
das Seiende in seinem Sein zu bestimmen und auf den Begriff zu
bringen. Sie ist begriffliche Explikation des menschlichen Seinsverständnisses im grundsätzlichen Ausgang vom Seienden. Wenn
sie dabei das Sein des Seienden als IDEA, als EIDOS und ENER-
GEIA, als Monade, als absoluten Geist und dgl. anspricht, so
verfällt sie dabei immer wieder dem Hang, das so gedachte Sein
als das TIMIOTATON ON, als das höchste Seiende zu behaupten.
Das versuchte Denken des Seins kippt in Festlegung und
Fixierung um, das „Sein" wird zur Hypostase. Die Benommenheit vom Seienden durchmachtet auch noch die metaphysische
Philosophie dort und gerade am schärfsten dort, wo sie sich
davon loszureißen versucht – etwa indem sie die Dinge, das
Physische im weitesten Sinne, übersteigt auf etwas hin, was
über das Physische hinausliegt, „meta-physisch" ist. Das braucht
keineswegs im massiven Sinne einer vulgärplatonistischen
„Zwei-Welten-Lehre" zu sein. Indem die Differenz von seins-
gebrechlichem Sinnending (ON GIGNOMENON) und seinsstärkerer
Idee eröffnet und festgehalten wird, wird zwischen dem Seienden
und dem Sein des Seienden so unterschieden wie sonst zwischen
zwei Dingen. Der midashafte Zug aller solchen Unterscheidungen
äußert sich darin, daß alles, was wir *gegen* das Seiende abheben,
also von ihm abtrennen und weghalten wollen, gerade dadurch
uns zu einem anderen Seienden wird. Das Seiende bekundet
seine Macht, indem es auch das Modell abgibt für Dimensionen,
die in Abscheidung gegen es selbst bestimmt werden. Das Seiende
ist der Prototyp des Säglichen. Und selbst das Nichts wird, wenn
wir von ihm reden wollen, gewissermaßen zu etwas „Seiendem",
wenn auch nur so, daß wir ständig die Unangemessenheit einer
Rede, die vom Nichts dies und jenes aussagt, erinnern müssen.
Der allgemeine Stil der überlieferten metaphysischen Philosophie
ist orientiert an der begrifflichen Bestimmung des Seienden in

seinem Sein. Das, worauf das metaphysische Denken abzielt, ist die kategoriale Erfassung des Seins; *wobei* sie aber dabei anfragt, ist das Seiende. Das Seiende ist das Befragte, das Seiendsein des Seienden das Erfragte. Das Seiende wird so zur ausgezeichneten Fundstelle der denkerischen Bestimmung von Sein. Aber was wird gemeint mit dem Titel „das Seiende"? TO ON – hier schwingen Mehrdeutigkeiten seltsam in einander. Irgendwie wird in dem summarischen Titel „das Seiende" mitgedacht der Inbegriff alles dessen, was ist, die Gesamtheit des vielgestaltigen und vielzähligen Seienden, also griechisch TA PANTA. TO ON meint die Gesamtheit des Wirklichen, allerdings so, daß diese als eine unbestimmte, unabgezählte Anzahl aufgefaßt wird. Die Allheit besteht aus Seiendem und ist so selber eine seiende Allheit. Andererseits aber ist der Begriff des ON, des „Seienden" ein Allgemeinbegriff. Allerdings nicht ein Allgemeinbegriff von dem uns geläufigen Typus, sondern in seiner Allgemeinheit ein Problem. Das „Allgemeine" kennen wir gewöhnlich in den beiden Formen der formal-logischen und der sachhaltigen Allgemeinheit. Die „sachhaltige" meint die Gliederung der Dinge nach Arten und Gattungen. Jedes Ding hat eine Art, jedes ist „geartet". Es ist nicht bloß ein Individuum, es ist Individuum in einem arthaften Gepräge. Wir verstehen die Dinge, indem wir sie in ihrer Art erkennen und sie in die Architektonik der steigenden Allgemeinheiten einordnen können. Eine Katze ist ein Säugetier, ein Tier überhaupt, ein Lebewesen. Dies da ist ein Katheder, ein Möbelstück, ein von Menschen verfertigtes und zum menschlichen Gebrauch bestimmtes Kunstding. Aber von der Katze wie vom Katheder sagen wir doch auch, daß sie sind, daß sie je ein Seiendes sind. Die Bestimmtheit, ein Seiendes zu sein, kommt doch ihnen beiden zu. Aber wie? Ist das eine Allgemeinheit, die eine noch höhere Gattung darstellt als „Lebewesen" und „Kunstding"? Ist der Begriff „das Seiende" die höchste Gattung? Gleichsam die oberste Region arthaften Gepräges überhaupt, die alle anderen besonderten Regionen in sich enthält, wie sonst eben die Gattung die Arten enthält? Daß dies nicht der Fall ist, hat bereits Aristoteles aufgezeigt, weil das „ein-Seiendes-sein" sowohl den höchsten Gattungsallgemeinheiten wie den individuellen Exemplaren zukommt. Die Allgemeinheit des ON liegt über jede sachhaltige,

gattungshafte Allgemeinheit hinaus, übersteigt sie, trans-
cendiert sie. Sie ist „transcendental". Wir haben bereits bei der
Erwähnung der Transcendentalien, die gleichursprünglich sind
wie das ON, nämlich des HEN, AGATHON und ALETHES, auf den
merkwürdigen Charakter der hier sich meldenden „Allgemein-
heit" hingewiesen. Wichtig wird jetzt, daß das ON, weil es als
Allgemeines gedacht wird, die *Vielheit* in sich hat, also daß der
Titel „das" Seiende nicht einen Singular, sondern einen wesent-
lichen Plural meint. Das Seiende sind immer viele Dinge. Als
Seiendes ist jedes Ding je eines und ist auch wiederum in sich
Einsheit einer Vielheit, eine Einheit einer Mannigfaltigkeit.
Zum Seienden als solchen gehört Einzelnheit. Der *inbegriffliche
Ausdruck* TO ON enthält also die *Streuung ins Viele*, ins *Ver-
einzeltsein* in sich. Die Dinge in ihrer Vielheit und Vereinzelung
stellen das Seiende dar. Das, wovon also der philosophische
Versuch, das Seiende in seinem Sein zu bestimmen ausgeht,
was er als Absprungsbasis voraussetzt, ist das *endliche Ding*.
Sein ist offenbar *Sein von Endlichem*. Die Blickbahn auf das
endlich-Seiende bestimmt das überlieferte Denken, – auch wenn
es als überhöhenden Abschluß der endlichen Dinge ein Über-
Endliches, Un-Endliches ansetzt.

Solange aber nach dem Sein gefragt wird, derart daß die
endlichen Dinge als die Fundstätte genommen werden, wo
überhaupt „Sein" explikabel ist, hat die Philosophie den
Charakter einer Bestimmung des Seins am Seienden. Sie denkt
das Sein als etwas, was am Seienden vorfindlich ist. Damit
wird nicht allzu massiv das Seiende als „Besitzer" des Seins
vorgestellt. Sein ist keine Eigenschaft wie rotsein und schwersein,
vielmehr gibt es erst aufgrund der Seiendheit des Dinges ein
Anhaften von Eigenschaften am Ding. Aber das Seiende, sagt
man, hat am Sein teil. Die Teilhabe, die METHEXIS, die „parti-
cipatio" wird als „Schlüsselphänomen" genommen, um das
sonderbare Verhältnis von Seiendem und Sein zu erläutern.
Gewiß ist „Teilhabe" selber mehrdeutig – und kann nicht in
jedem Sinne hier in Anspruch genommen werden. Man kann z.B.
an einer Beute teilhaben; aber dann so, daß die Beute verteilt,
aufgeteilt und dabei als ganze zerteilt wird. Die Dinge haben
aber offenbar nicht so am Sein teil, daß sie dabei das Sein
zerstücken. Eher kommt ihnen Teilhabe zu, so wie man an

einem Fest, an einem Recht, am Schicksal des Volks teilhat. Die Teilnehmer des Festes zerstücken dieses nicht, sie sind gerade als viele und einzelne in der Festgemeinde gesammelt und vereint. Sie sind in das, woran sie teilhaben, einbehalten. Und so ist wohl auch jedes einzelne und vereinzelte Ding in das versammelnde und übergreifende Sein einbehalten. Es ist von der Macht des Seins durchstimmt, es gehört dieser Macht an, ist in ihr als in seinem Element. So ist also das Sein nicht etwas am Seienden, nicht so wie das Rot an der Rose oder das Leuchtendsein an der Sonne, – aber es wird *am Seienden als Fundstätte* aufgenommen, wird als *Seinsverfassung endlicher Dinge* erblickt.

Und wenn diese nun bestimmt werden nach Daß-sein und Was-sein, nach Wahr-sein, nach Wirklichkeit und Möglichkeit, nach Art und Gattung, nach Dingstruktur usf., so bewegt sich zwar das ontologische Denken im Raume der Endlichkeit des Seienden, – aber es ist dabei unvermögend, die *Endlichkeit aller Dinge selber zum Problem zu machen.* Denn diese kann in einem radikalen Sinne erst Problem werden, wenn das Sein *ursprünglicher* erblickt wird als im Ausgang von den Dingen. Das Denken muß sich von der Blickbahn auf das vereinzelte Seiende ablösen. Das ist jedoch nicht als eine Umwendung schlechthin möglich. Es ist nicht damit getan, daß wir uns ,,umdrehen'' – wie die befreiten Gefangenen der platonischen Höhle. Die Grundstellung des menschlichen Daseins, inmitten des Seienden *beim* Seienden zu sein, können wir nicht einfach abstoßen. Solange wir atmen und weilen am oberirdischen Tag, sind wir ständig als ein Ding unter die anderen Dinge versetzt, sind ihrem Zudrang ausgeliefert, in wechselnden Weisen immer wieder von ihnen bedrängt und angegangen. Diese Situation können wir nicht loslassen, nicht abwerfen wie einen Ballast. Gewiß ist es etwas anderes, statt alltäglich auf die Dinge hinzuleben, die Seinsverfassung, die Dingheit der Dinge zu denken und zu begreifen. Aber auch dann noch sind wir durch die prinzipielle Benommenheit vom Seienden bestimmt, sofern das *Seiende als Fundort der Seinsbestimmungen* vorausgesetzt wird. Das Sein gilt uns dann wohl als das ,,Mächtigere'', das die Dinge durchwaltet und in sich einbehält. Wir verstehen dann das Seiende im Licht des Seins. So, wie das Licht die sichtbaren Dinge umspielt und in seiner Helle das Vielfältige auseinandersetzt und zugleich versammelt, und wie dabei die Helle, an der die sichtbaren Dinge teilhaben, gerade nicht zerteilt und aufgeteilt wird, nicht in „Stücke" zerfällt, vielmehr als das Umfangende die vielen Dinge umspannt, so wird im Ausgang vom Seienden das Sein als Seinsverfassung der Einzeldinge und zugleich als Gesamtwirklichkeit gedacht. Das ON ist das endlich Umrissene, das HORISMENON *und* die PANTA.

Doch erschöpft dies nicht die Möglichkeiten der historischen Metaphysik. Diese denkt nicht *nur* das Sein am Seienden, nicht nur die Übermacht des Seins, in welche die Dinge einbehalten sind, – sie denkt auch das *Sein im Seienden* als eine die Dinge durchströmende, durchflutende, sie zustand bringende und zerstörende Gewalt, etwa in der Metaphysik Hegels. Die Bewegung des Seins, das absolut verstanden, das Nichts nicht außer, sondern in sich hat, das „sich nicht vor dem Tode scheut und nicht von der Verwüstung rein bewahrt", ist dort als das allein und einzig Wirkliche und Wirkende angesetzt. Die sogenannten „Dinge" sind nur vergängliche Haltepunkte der absoluten Bewegung. Während es bei dieser Konzeption so aussieht, als hätte das metaphysische Denken den festen Boden, von dem es ausging, nämlich den Anhalt beim Seienden, selbst mit der Kraft des spekulativen Gedankens zerstört und wäre beim *reinen Sein* angekommen, das nichts braucht, um daran sich zu halten, sondern umgekehrt erst die seienden Dinge als seine ephemeren Gefäße erbaut und zerstört, in ihnen sich spiegelt wie die fallenden Wasser im stehenden Regenbogen, so ist die „Substanz", die überwunden scheint, in die Totalität des Prozesses eingegangen. Die Metaphysik Hegels denkt zwar das *weltweit waltende Sein, aber eben nicht die Welt selbst.* Sie ist zwar nicht am Binnenweltlichen fixiert derart, daß sie an den *Dingen* hängen bliebe, aber sie bleibt am *binnenweltlichen Sein überhaupt* hängen. Die Welt bleibt ungedacht.

Um in die Richtung dieses Ungedachten der abendländischen Metaphysik zu weisen, haben wir die Frage gestellt, was das *Erscheinen des Seienden* ist. Wird es als *Vorgestellt*-werden, als Eingang ins Wissen, oder als „Aufgehen" und Selbstentbergung der Dinge interpretiert, so wird es immer als Vorgang *am Seienden* gedeutet. Die Vermittlung, die wissens- und wahrheitsmäßige Vermittlung hängt am Seienden. Die Dinge sind in der

Vermittlung ausgebreitet, sie führen das „Erscheinen" gleichsam mit sich. Aber diese Auffassung wurde uns immer fraglicher und fragwürdiger, je mehr wir sie nachzudenken versuchten. Vor allem verschattet sich dabei der Begriff der Bewegung zusehends. Bewegung kennen wir doch zunächst als die mannigfachen Eigenbewegungen Dinge. Daß aber die Dinge einmal sich bewegen und *daneben noch* die Bewegung des Erscheinens an sich haben, ist nicht anzunehmen. Erst wenn sie erschienen sind, wenn sie zum Vorschein gekommen sind und wenn sie zu Gegenständen unseres Hinblicks geworden sind, können wir sie in ihrer Bewegtheit erfassen und erkennen, – können wir ihre Ortsbewegung, ihr Zunehmen und Schwinden, ihre Veränderung gewahren. *Die Bewegung des Erscheinens „erscheint" überhaupt nicht an den Dingen.* Die Dinge sind *im* Erscheinen, – aber das Erscheinen selber ist nicht wiederum dinghaft und dinglich. Als Hinweis auf diese merkwürdige und beirrende Dunkelheit im Begriff des Erscheinens haben wir von der „Gegend" gesprochen. Die Dinge sind je in einer Gesamtsituation, sind in einem umgreifenden und einbegreifenden „Feld", sind in einer Gegend versammelt, – kommen in einem gemeinsamen Anwesen zum Vorschein, zeigen sich aus einer Gegend her als Gegenstände. Doch ist der Hinweis auf die „Gegend" nicht unmißverständlich. Sie ist gewissermaßen etwas, an dem sich bereits Züge und Momente der „Welt" ankünden und melden, und was doch noch in einem binnenweltlichen Sinne umgedeutet werden kann. Wird die Gegend als umgrenztes Raum- und Zeitstück verstanden, als Gegend, Landschaft im geographischen Sinne, so ist sie selber ein „großes Ding", das viele kleinere in sich enthält. Aber das Raumhafte und Zeithafte ist doch etwas an der Gegend, was bedeutsam wird für das Denken. Die endlichen Dinge haben jeweils ihren Eigenraum, haben ihre Figur und ihre Dauer; sie nehmen einen Raum ein und erfüllen eine Zeitstrecke. Aber mit ihrem Eigenraum bewegen sie sich im Ortsraum, sie tauschen die Plätze. Die Mannigfalt der „Plätze" und Raumstellen hängt nicht an der figuralen Eigenräumlichkeit der Dinge, sie geht den sie irgendwie ausfüllenden Dingen vorauf. Die figuralen Dinge sind in den Ortsraum „eingeräumt", sie besetzen die „Gegend" die in ihrer Besetzbarkeit ihnen selbst vorgängig ist. Gegend als Ortsraum gewährt den räumlichen Dingen die Stätte der Ausbreitung, das

Feld, worin sie ihre Grenzen gegeneinander verteidigen. In der Gegend sind die Dinge ge-ortet, in ihr hat jedes Einzelding die Bestimmtheit seines „Wo". Allerdings wird dieser Zug der Gegend, den Dingen die Stätte ihres Aufenthalts zu gewähren, immer wieder verdeckt von den üblichen Methoden der Ortsbestimmung. Wir ordnen und orten die Dinge so, daß wir ihre Entfernungen festlegen, etwa von dem heimatlichen Haus oder Dorf. Die Gegend ist dann gewissermaßen um unsere Heimatzone herum zentriert, hat Nähen und Fernen. Die Wege haben ihr Zeitmaß. Um von zu Haus dorthin und dahin zu gelangen braucht man so und so viele Stunden. Mit der metrischen Auslegung der Erdoberfläche durch das Netzwerk der Längen- und Breitengrade wird die vorwissenschaftliche Ortung überholt, in ein objektiveres System eingestellt. Aber auch hier haben wir die Fixierung in einem Anhalt an einem innerräumlichen Ding, etwa die Festlegung des Nullmeridians bei Greenwich. Die Abstände der Dinge von einander, die Entfernungen als meßbare Längen gedacht, verdecken das ursprünglichere Phänomen der Gegend. Die Gegend verschwindet sozusagen in der Stellenmannigfaltigkeit möglicher Raumdinge.

Die Gegend aller Gegenden überhaupt ist die Welt. Sie ist das umgreifende und alles einbegreifende Raumganze und Zeitganze. Alle Räume sind in ihr und alle Zeiten ebenfalls. Der Weltraum enthält alle Orte und alle raumhaft ausgebreiteten Dinge, die Weltzeit befaßt alle Zeiten und alle Weilen, Dauern und Veränderungen aller innerzeitlichen Dinge in sich. *Der Zeitraum der Welt ist die umgreifendste Gegend alles Seins von Seiendem.*

Was aber wird wirklich gedacht, wenn wir sagen, die Welt ist das Ganze? Welche Vorstellung von einem Ganzen leitet uns dabei? Haben wir denn eine klare und deutliche Vorstellung, was Weltganzheit besagt? Oder gebrauchen wir den Begriff des Ganzen hier in einem unentschiedenen und bloß formellen Sinne? *Wie* ist die Welt das Ganze? Sind die Dinge in ihr wie die Teile in einem ontischen Ganzen? Ganzes und Teil: dies ist zunächst die naheliegendste Vorstellung, die sich aufdrängt. Die Frage ist nur, ob die Ganzheitsweise der Welt überhaupt am Leitmodell innerweltlicher Ganzheiten gedacht und bestimmt werden kann. Ein körperliches Ganzes, etwa ein Felsblock, ist aus Stücken zusammengesetzt oder kann mindestens in Stücke zerlegt und zertrümmert werden. Das Verhältnis des Ganzen zu den Teilstücken ist dabei so, daß sie prinzipiell gleichartig sind; jeder Teil ist körperhaft, hat eine Größe und Gestalt und eine bestimmte Stelle im Raum – aber auch das Ganze ist ebenso körperhaft, hat eine größere Größe und Gestalt und auch eine Stelle im Raum. In der Größe des Ganzen ist die Größe des Teiles mitenthalten, in der Raumstelle des Ganzen befinden sich auch die Raumstellen der Teile. Aus dem Ganzen kann sich ein Teil ablösen und so das Ganze vermindern – oder es kann etwas dazukommen und das Ganze vergrößern. Ganzes und Teil sind strukturell gleichartig. Ist es so auch bei der Welt? Sind *Welt* und die *binnenweltlichen Dinge* grundsätzlich *gleichartig*, nur eben daß die Welt noch größer wäre als die Menge der „in" ihr vorfindlichen Dinge? Ist die Größe des binnenweltlichen Teils ein Teilstück der Weltgröße? Jedes ausgedehnte Ding in der Welt hat eine Stelle im Raum. Hat die Welt, als das Größere eben eine noch größere Stelle im Raume? Ist sie überhaupt im Raume und in der Zeit? Die Welt hat überhaupt keine Größe im Raume und keine in der Zeit: alle „Größen" sind „in" ihr. Die Welt ist nicht im Raum, wie ein ungeheuerlich großes Körperding, sondern der Raum, in welchem alle Körperdinge sind, ist der Weltraum. Aber die Welt ist auch nicht so ein Ganzes, wie der Mensch etwa ein Ganzes ist gegenüber seinen Teilen Leib und Seele. Beim Menschen ist das Ganze nicht einfach mit den Teilen gleichartig. Aber auch ein aus verschiedenartigen Teilen bestehendes Ding ist immer noch ein Ding. Und dingliche, dinghafte Weisen von Ganzsein können rechtmäßig auf die Welt nicht angewandt werden. Die Welt ist die Allheit, die alles Seiende in sich befaßt. Aber gerade dieses Insichbefassen und Enthalten ist das eigentlich Rätselhafte und Undurchsichtige.

Auch hier werden wir wiederum leicht in ontische Vorstellungen abgedrängt, sobald wir bestimmter formulieren sollen. Man kennt innerweltliche Beispiele, wie ein Ding umfassend, enthaltend einem anderen Ding „Raum gibt". Etwa ein Krug, ein Hohlgefäß, enthält in seiner Höhlung Wasser, gibt mit seiner Leere dem Wasser Raum und umfängt es dabei. Mischkrug und Höhle sind uralte Symbole der Welt. Enthält die Welt das innerweltlich Seiende so wie der Krug das Wasser? Der Krug umwandet das Wasser, er ist nicht bloß in der fassenden Wandung, sondern auch in der Höhlung, die er frei gibt. Das würde vielleicht hinzeigen auf einen Zug der Welt, die ja nicht bloß über alle Dinge hinaus ist, sondern auch in allen innerweltlichen Dingen anwest. Doch der umfangende Krug ist selbst von außen „begrenzt'', ist selber ein endliches, in einem Umriß feststehendes Ding.

Eher noch haben weisende Kraft für das noch begriffslose An-Denken der Welt die Phänomene der Helle und der Stille. Im Felde des Sichtbaren ist die Helle des Tages das, was alle sichtbaren Dinge freigibt für ihren Anblick, sie einräumt in einen durchgängigen Zusammenhang des Sichzeigens, ohne sie dabei „einzuschließen''. Die Helle umwandet nicht höhlenartig die Dinge, die sie in sich enthält, – die Helle läuft ins Offen-Endlose des Himmels aus. Oder anders wieder bei der Stille. Sie ist der Raum des Hörbaren, ist das Offene, das allen Lauten in sich Raum gibt. Jeder Laut bricht Stille, indem er in sie einbricht. Nie kann die Stille als das Raumgebende zur Gänze von Lauten besetzt sein; immer ist sie über jeden Lärm hinaus, überholt ihn umfangend. Und wenn die Alten von der Musik der Sphären gesprochen haben, so mag in jenen himmlischen Klängen nur noch die Welt-Stille vernehmlicher geworden sein. Helle und Stille zeigen auf ursprüngliche Momente des Raumes hin, auf ein Raumgeben, das nicht selbst schon die Seinsweise eines Eingeräumten hat. Die Welt gibt dem Seienden Raum. Helle und Stille sind wesentliche innerweltliche Analogien, kosmologische Symbole von hohem Rang. Die Weltallheit ist nie ein Ganzes, das in seinem Ganz-sein „arthaft'' vorbekannt ist. Die Welt teilt die Weise, wie sie alle Dinge einbegreift und umgreift, mit nichts und niemandem. Diese Weise ist *einzig*. Und gerade deswegen ist es dem menschlichen Denken so schwer, sie zu fassen und zu begreifen; denn unser binnenweltlich ausgerichtetes Verstehen bewegt sich sonst immer im Element des Gegenbezugs von Einzelnem und Allgemeinem. Das besagt jetzt aber auch: das, was wir gemeinhin das Seiende nennen, die Pflanzen, Tiere, Menschen, Häuser, Wolken, Sterne usf., alles, was begrenzt ist in einem endlichen Umriß und in einem eigenen Anblick steht, ist grundsätzlich in der Welt. *Das Endliche ist als solches gerade Binnenweltliches*. Die Binnenweltlichkeit der Dinge hebt sich für uns Menschen gewöhnlich nicht eigens ab, wird nicht so leicht zu einer Frage des Denkens. Im Ungefähren weiß man wohl immer, daß alles, was ist, in der Welt ist, im Universum versammelt und vereint ist. Aber was solches Insein des Seienden als konstitutives Moment der Seiendheit der Dinge besagt, kommt nicht ohne weiteres in die Blickbahn. Wir wissen *um* Welt. Aber dieses Wissen steht sozusagen am weitesten ab vom Begreifen, weil es das Aller-selbstverständlichste ist. Wir sind immerzu bedrängt vom Zudrang der Dinge, sind in tausendfachen Weisen auf die Dinge eingestellt, gehen mit ihnen um, erkennen und bearbeiten sie. Aber zur Welt haben wir doch nicht ein ebenso aktuelles Verhältnis. Sie umfängt uns, wie sie überhaupt alles Endliche umfängt: wir sind immer in einer gewissen dunklen und begriffslosen Weise für sie offen.

Nur aus der Weltoffenheit des menschlichen Daseins kann jeder Bezug zu Dingen sich ereignen.

Aber in diesen Bezügen sind wir eben vom Seienden benommen, sind wir hingerissen an die Dinge – vergessen wir der Welt. Und die Philosophie hat als sich ausbildende Metaphysik die Weltvergessenheit des Menschentums verstärkt und verfestigt, hat immer mehr versucht, „Raum" und „Zeit" aus dem Wesen des Seins auszutreiben – und in die bloße „Erscheinung" herabzusetzen, hat versucht, „hinter" Raum und Zeit zurückzudenken und ein raumloses und zeitloses „Absolutes" ausfindig zu machen. Weil sie nur den einge*räumten Raum* und die *gezeitigte Zeit*, also *den Raum und und die Zeit an den Dingen*, in den Blick nahm und weil sie zugleich damit die Welt zu kurz dachte, nämlich als ein irgendwie *vorhandenes* Raumganzes und Zeitganzes, geriet sie auf die wahrlich utopische Bahn, einen weltlosen Urgrund für die innerweltlichen Dinge anzusetzen. Der „hinterweltlerische Traum" ist jedoch nicht die eigentliche Gefahr einer weltvergessenen Philosophie. Gefährlicher ist die Verkennung des Hiesigen, des Irdischen, der Dinge, mit denen wir es erlebend zu tun haben. Wir verkennen die Phänomene in ihrer Phänomenalität. Wir verkennen das Wesen des *Erscheinens vom Seiendem*. Dieses wird eben so lange verkannt und mißdeutet, als man das Erscheinen faßt als eine Bewegung am Seienden. Wahrheit und Weltlichkeit werden aufgefaßt als Momente, die dem Seienden zukommen. In solcher Rückbeziehung und

Rückbindung des Erscheinens an das Seiende, das erscheint, wird gerade nicht gesehen, daß das *Erscheinen selber viel ursprünglicher ist – als alle Dinge. Das Erscheinen ist das ineinander verspannte Walten von „Wahrheit" und Welt.* Die Dinge haben in diesem Walten erst ihren Ort und ihr endliches Sein. Sie sind nicht zuerst irgendwie vorhanden und „erscheinen" dann noch als Zugabe. Das Walten von Wahrheit und Welt ist die Gewalt, die sie einräumt und zeitigt, die ihnen Raum gibt und Zeit läßt, ist die Gewalt, die sie bringt und nimmt. Die *mächtigste* aller Bewegungen, in der die Allmacht als die Macht des Alls sich auswirkt, ist die *unscheinbarste*, die, die wir gewöhnlich überhaupt nicht als Bewegung kennen, weil wir unser Bewegungsverständnis auf die dinglichen Bewegungen hin orientiert haben. Das welthaft waltende Erscheinen aber schickt alle Dinge auf den Weg, schlägt sie in das Gepräge des endlichen Umrisses. Das Erscheinen ereignet sich als die *universelle Vereinzelung.* Alles, was binnenweltlich ist, ist je schon vereinzelt und zugleich als Einzelnes zu anderem versammelt. Die Welt selber – als das umfangende Ganze – »ist« vielleicht auch, aber in einem ganz eigenen und einzigen Sinne von Sein. Sie ist *nicht einzeln,* sie ist *einzig.* Und sie ist nicht „endlich", sondern das wahrhafte Un-Endliche. Ihre Unendlichkeit ist keine ins Endlose verlängerte Struktur endlicher Dinge, nicht das „schlechte Unendliche" im hegelschen Wortverstande, – sie hat das Endliche in sich, läßt es nicht als ihr Gegenteil draußen stehen, und ist doch über alles Endliche hinweg das in sich bewegte, lebende All.

Für das Sein der Welt gilt alles und zwar noch ursprünglicher, was Parmenides vom EON sagt: sie ist ungeworden und unvergänglich, ist ganz, so daß nichts an ihr aussteht, sie ist nicht in der Zeit, sondern ist die Zeit ganz, ist all-eins und einheitlich zusammenhängend. Aber gerade weil sie ungeworden und unvergänglich ist, hat sie alles Vergehen und Entstehen in sich; weil sie ganz und all-eins ist, hat sie das Getrennte, Zerstückte und Vereinzelte in sich. Die Welt ist der Urgrund aller endlichen Dinge, – ist Schoß und Grab alles Vereinzelten. Das Denken der Welt, das der Mensch versucht, ist im vorhinein bestimmt durch die innerweltliche Situation der menschlichen Existenz. Die Vernunft des Menschen ist nicht der NOUS des KOSMOS, – ist höchstens ein schwacher endlicher Widerschein.

Zwar sind wir angesichts des ,,bestirnten Himmels über uns"
oder im Zarathustrablick auf ,,weite Meere" mitunter der Welt-
Stimmung vielleicht tiefer eröffnet als sonst: aber die Begriffe
und Kategorien, mit denen wir sie aussprechen und ausdenken
wollen, sind doch den binnenweltlichen Dingen entlehnt – und
versagen. Doch wäre es das Ende des Denkens, solches Versagen
zu einer bewußten Kultur des ,,Scheiterns" zu machen.

Wenn das Erscheinen immer entschiedener bedacht wird,
gelangen wir vielleicht zu einer gelösteren, bewegteren Begriff-
lichkeit, die nicht in jenem Seinsverständnis zu Hause ist, das
sein selbstverständliches Maß am endlichen Ding, an der insichstehenden Substanz hat. Dann wäre es auch am Ende möglich,
das Erscheinen aller Dinge im Zeit-Raum der Welt, das große
Spiel der Vereinzelung, zu begreifen als nur eine Seite der
waltenden Welt, als die *helle* Dimension, worin sie die Dinge
aussetzt ins Offene, welches der Schein und Glanz, das Licht
des Seins darstellt, – während dieser oberirdische Tag des gemeinsamen Anwesens aller Dinge unterlaufen bleibt von der
dunklen gestaltlosen Nacht, aus der heraus alles Endliche ins
Erscheinen heraufsteigt und darein es wieder versinkt. Die Weltbewegung des Erscheinens schließt rauschhafte Lebensfülle und
das Gestaltlose, schließt Dionysos und Hades zusammen, so
daß in der Tat nach Heraklits Wort ,,der Weg hinauf und hinab
einer und derselbe" ist.

Um die dunkle Dimension der Welt, die alles birgt, wissen
wir vor allem aus dem Menschentod. Der Schatten des Todes
liegt groß über der Landschaft der Menschen. Aber aus ihm
entspringt alle Innigkeit des Daseins in Freude und Leid; sein
dunkler Glanz liegt auf dem Lager der Liebenden, auf Hammer
und Sichel der Arbeiter, auf den Waffen der Krieger, auf den
Kelchen der Priester – ja sogar auf dem simplen Schreibgerät
der Denkenden, die nach der Weltweisheit trachten.

Date Due
